Collana Le crinoline
Collana diretta da Giulia Ciarapica
III

le crinoline

Marcella Filippa

URSULA HIRSCHMANN
Come in una giostra

ISBN 9791280074102

Aras Edizioni srl
redazione: via Mura Sangallo 24, 61032 Fano (PU)
www.arasedizioni.com – info@arasedizioni.com

In copertina: Ritratto di Ursula Hirschmann,
illustrazione di Monica Martinelli.

Da qualche tempo riposo soltanto dove non c'è nulla di edificato, laddove il vento si trascina, rigenerando in se stesso la sua forza, senza un muro contro cui scagliarsi, dove la luce non rimbalza su alcuna parete verticale, dove la terra non è aperta, calpestata e ferita, dove la sua chioma vegetale nasce libera, ignara che esista qualcosa che possa raschiarla, un'altra epidermide più coriacea e compatta, più potente della sua.

María Zambrano

ESORDIO

I cimiteri mi hanno sempre destato stupore, attrazione, curiosità. In ogni viaggio li ho cercati, visitati, attraversati, ho inseguito tracce, letto con attenzione parole scritte a futura memoria. Mi piacciono i cimiteri. Scopro le città sostandovi sempre un po', in quel silenzio ovattato. Quando posso mi lascio afferrare dalle scie di uomini, donne, bambini, che un tempo hanno riso, sofferto, amato e pianto. E intrattengo una sorta di dialogo con loro, dai quali attingo suggestioni e auspici. Leggo lapidi, osservo fotografie, mi concentro su frasi e citazioni quando compaiono tra le pietre erose dal tempo. Condivido questo atteggiamento con l'amico Alberto Cavaglion: anche lui ama soffermarsi sulle lapidi degli antichi cimiteri, in particolare quelli ebraici, per «dissetarsi da una sorgente di acqua limpida», dialogando con la morte e la perdita, un dialogo oggi, in questo tempo che ogni cosa ha sconvolto, che ci ha reso più fragili e vulnerabili.

In una domenica di febbraio dello scorso anno, col primo sole mattutino che anticipa un lieve tepore primaverile, mi avvio al cimitero acattolico di Roma. Da tanto mi promettevo di andarci. Già cimitero degli inglesi o dei protestanti, i romani lo chiamano il cimitero del Testaccio, dal nome del quartiere, avvolto da cipressi centenari e abitato da colonie feline che indisturbate e in libertà – i gatti sono animali liberi – passeggiano tra le lapidi, rigorosamente prive di fotografie. Vivono nel cimitero, la loro casa, proprio come i gatti di Brancion-en-Chalon in Borgogna, dove Violette, la protagonista di *Cambiare l'acqua ai fiori*, fa la guardiana da lunghi anni, nutrendoli ogni giorno amorevolmente.

Ai visitatori piace imbattersi nei gatti sornioni. In una piccola scatola di latta si possono lasciare offerte per il cibo, mi dicono le volontarie. Acciambellati sulle tombe, sdraiati sulle panchine, lentamente si muovono tra i viottoli, quasi fossero loro i veri padroni di quel luogo silente, una sorta di isola senza tempo nella città eterna. I gatti amano Roma e Roma ama i gatti.

Il cimitero acattolico – non amo questa definizione, che sottrae più che offrire – è destinato a stranieri senza distinzione di nazionalità, che hanno poi scelto Roma come città elettiva. Solo occasionalmente vi è sepolto qualche italiano. Antonio Gramsci, la cui tomba è perennemente avvolta da garofani e ciclamini rossi; la visionaria Luce D'Eramo, una scrittrice che ho molto amato; Carlo Emilio Gadda, profondo innovatore della letteratura novecentesca; Andrea Camilleri, la cui sicilianità è entrata nel nostro dialogare quotidiano, lì i visitatori lasciano tracce, una sigaretta, una frase; l'ebrea e comunista Miriam Mafai; la partigiana Carla Capponi, nome di battaglia Elena; la poetessa suicida Amelia Rosselli, «imprendibile come le ali della libellula». Nomi che inseguo, e trovati, si stagliano sulla grigia pietra.

Salendo un po' più in alto, spicca il sepolcro di John Keats, poeta romantico della bellezza, morto a Roma di tubercolosi, il cui epitaffio, commissionato dagli amici, recita: «Questa tomba contiene i resti mortali di un giovane poeta inglese che, nel letto di morte, nell'amarezza del suo cuore, di fronte al potere maligno dei suoi nemici, volle che fossero incise queste parole sulla sua lapide: "Qui giace uno il cui nome fu scritto sull'acqua"».

E poi proseguendo compare un angelo affranto dal dolore, una giovane donna avvolta da un corsetto attillato, sdraiata sul letto di morte, poche tracce artistiche, essenzialità, qualche fiore spunta qua e là tra i viottoli. La maggior parte delle tombe è scarna, erosa dal tempo. Talvolta è difficile decifrare il nome, la data di nascita e di morte. In questo luogo silente si attraversa e si entra nella storia, la poesia, l'arte, la musica, la diplomazia, l'impegno politico, la scienza. Ogni tomba una storia che ci viene offerta da centinaia di anni. Pini, cipressi, mirti, allori, rose selvatiche e profumate, camelie rigogliose e fiammeggianti fanno da compagnia a trecento anni di sepolture.

In una suggestiva descrizione del cimitero Dos Prazeres di Lisbona, tratta dalla penna di José Saramago, il personaggio di

Ricardo Reis è in cerca della tomba di Fernando Pessoa, tra le tante, incamminandosi lungo i viali in salita del cimitero portoghese, «guarda a destra, eterno rimpianto, pietoso ricordo, qui giace, alla memoria di, [...] angeli con ali sbeccate, lacrimose figure, dita intrecciate, pieghe composte, panneggi raccolti, colonne spezzate [...] l'evidenza della morte è il velo con cui la morte si camuffa».

In un tempo difficile di chiusure, fili spinati, muri innalzati, frontiere prepotenti, questo luogo offre una dimensione sospesa, di pace e serenità, lo stratificarsi di vite vissute in luoghi diversi, identità multiple che hanno saputo superare barriere. Un segno di fraternità e timida accoglienza.

Così mi lascio attrarre da una apparente casualità istintiva. Ma c'è un sepolcro che cerco. Lo cerco senza affanno. In cerchi concentrici mi sto avvicinando. Ci vuole tempo. Mi prendo il tempo che ci vuole. È per quello che sono lì. So che è in buona compagnia. Vago, apparentemente senza meta tra i viottoli, mi siedo su una panchina e poi eccolo finalmente. So che il mio viaggio parte di lì. A fatica riesco a decifrare il nome, eroso dal tempo: Ursula Hirschmann, 1913-

1991. L'arco di tempo che le fu concesso di vivere. Roma alla fine era diventata la sua città, dopo tanto vagare. Una vicenda radicata fino in fondo nell'*humus* del Novecento – fatta di fughe, esili, rifugi, nascondimenti, sfide, attraversamenti, sconfinamenti – che mi attrae e stupisce. Tante tracce, spesso esili, sottili, frammentarie, tanto da perdersi in mille rivoli, silenzi, oblii che rendono difficile e ardua la ricostruzione. Soprattutto una storia raramente ricordata per il suo valore. Perché?

Non ho mai amato santificare né mitizzare le storie che racconto. Mi concentro sulla loro unicità, sulle differenze, trovo similitudini e fili argentati che le legano ad altre storie, spesso dimenticate o narrate parzialmente in quanto ingombranti e impossibili da incasellare. Non mi piacciono le facili spiegazioni. È l'unicità che mi attrae e mi nutre. Da tempo cercavo una storia non solo italiana da restituire a me stessa e ai lettori, e la vita di Ursula Hirschmann, potentemente europea sia nel suo svolgersi, sia nel senso che la protagonista le ha dato per quell'Europa sognata, voluta intensamente e agognata sempre, si è offerta come un dono. Era lì che attendeva di essere narrata.

La storia di Ursula Hirschmann si svolge in tanti luoghi, città, case, incrocia molte persone, come una sorta di punto centrale dal quale si irradiano cerchi che via via si ampliano toccando, anche solo di sfuggita, tante figure del secolo breve. Stazioni, tappe, che proverò a srotolare e poi a riavvolgere delicatamente, senza giudizio.

Caratterizzata dall'amore sempre, senza però cedere al disarmo della ragione. Ursula vive intensamente ogni attimo, ogni respiro, come scrive Raimon Panikkar: «Il fatto di aver vissuto è questo che costituisce il vivere». La sua esistenza insegna il valore dell'amore, dell'essere oltre il fare che supera la visione dualistica della realtà. Perché l'amore ha la capacità di sovvertire l'ordine stabilito, invitato ad andare verso spazi poco noti o sconosciuti, che non si temono, in quanto sorretti dalla forza del sentimento che infiamma l'esistenza, perché come scrive Āgnes Heller «senza l'amore non c'è movimento, non c'è storia, non c'è passione».

L'amore tutti ci piega, il dolore ci
[incurva
più potente.
Non a caso il nostro arco ritorna là
[di dove viene.
Verso l'alto e verso il basso! [...]
Provi l'Uomo ogni cosa, dicono i
[Celesti,
cosicché egli, vigorosamente nutrito,
[impari ad esser
grato per tutto,
e comprenda la libertà
di volgere il suo cammino dove egli
[voglia.

F. Hölderlin, *Corso della vita*

TRAIETTORIE

Ursula Hirschmann nasce a Berlino il 2 settembre 1913, in una famiglia ebrea non praticante. Primogenita, ha due fratelli, Otto Albert, nato il 7 aprile di due anni dopo, ed Eva Estelle che viene al mondo nel 1920. Il padre Carl è medico chirurgo originario della Prussia occidentale, la madre Hedwig Marcuse, discende da una famiglia di banchieri di Francoforte, nella capitale tedesca da due generazioni. L'ampia parentela materna vive a Berlino, mentre il padre ha solo una zia solitaria, Emma, che talvolta vanno a visitare.

Una famiglia, quella materna, rigidamente divisa in ricchi e poveri: i poveri compaiono solo nei compleanni, vestiti fuori moda, i ricchi si presentano scintillanti di perle e sete preziose. Una sorta di famiglia Karnowski, un po' come quella descritta mirabilmente da Israel Joshua Singer. Una galassia della cultura e del mondo ebraico prima della Shoah, a cavallo tra Ottocento e Novecento, carica di vitalità, contraddizioni, passioni, ma anche intricate storie, conflitti familiari, esclusioni. Come scrive lucidamente Cesare Cases:

> Dietro la rispettabilità e l'uniformità apparenti si celano i conflitti e le incongruenze che si vogliono ignorare, in particolare la differenza fra i ricchi e i poveri, per cui i primi, l'aristocrazia del denaro, vengono ufficialmente disprezzati, perché incolti, e riveriti quando arrivano in visita i cugini di Lodz. La stessa famiglia di Ursula è fondata sulla menzogna, che consegue direttamente dalla divisione tra ricchi e poveri.

Bugie mai perdonate, come quella del padre, che per sposare una donna benestante si inventa un improbabile pedigree. Assurta a falsità per eccellenza, verrà usata dalla madre a monito per i figli ogni qual volta ne pronuncino una pure innocente, rimproverati bruscamente per un vizio originario a mentire. Quella bugia – un po' patetica ma amata da Ursula – quando ne verrà a conoscenza diventa sua, come se l'avesse detta lei, amata come una propria debolezza, nascosta per vergogna, dalla quale non ci si separa mai, accogliendola e proteggendola. La scoperta di quella bugia corrisponde in qualche modo alla fine dell'infanzia. «Da allora cominciai a sentire che non ero tanto io quanto mio padre ad aver bisogno di essere protetto. Immedesimandomi con lui intravvidi la strana infelicità degli adulti». Bugie a specchio, in quanto anche la madre nasconde un segreto, riprovevole per la sua famiglia. Nelle nozze precedenti, aveva sposato un giovane avvocato di Norimberga – che portava curiosamente lo stesso cognome del futuro marito –, scoprendo ben presto «che non era normale» – come si diceva allora, con tutta probabilità era omosessuale – dal quale presto ottiene il divorzio.

Scriverà Ursula:

> Ci pesavano le riunioni di bambini in queste case traboccanti di ricchezza con camerieri in livrea, dove i bambini avevano i visetti curati dei ricchissimi, c'erano rappresentazioni di artisti pre-

> stigiatori, e venivano distribuiti *bonbons* che esplodevano e preziosi piccoli ricordi. Più tardi c'erano le serate da ballo, nelle quali questi bambini e noi, spietatamente, sapevamo ciascuno a quale gruppo appartenevamo: essi danzavano con i loro pari e noi con i nostri, cioè con qualche altro parente povero che non apparteneva alla sfera dei raffinatissimi che un cameriere in auto andava a prendere a scuola.

Nel ritrarre Ursula, le sue memorie incompiute assumono il valore di guida biografica, non prive di lacune, ma significative per offrire un profilo singolare. Di fronte a tante storie femminili novecentesche caratterizzate da un flusso verso un'unica direzione, questa appare fragile, inconsueta, ma forse è lo specchio di una identità fatta di luci e ombre, mai esibita, offerta in tante sfumature, lievi pennellate ma acute nel loro dispiegarsi. Ursula Hirschmann è stata «una ragazza del secolo scorso» – per parafrasare l'autobiografia di Rossana Rossanda, recentemente scomparsa – o ha anticipato, con le sue scelte di vita, un modo di essere e di fare innovativo? Mi punge però un passaggio della Rossanda, quando scrive di aver attraversato un secolo «correndo, inciampando, ricominciando a correre con qualche livido in più», incontrando e conoscendo trappole e indulgenze, in una lunga esistenza che ha avuto la politica, con le sue glorie e le sue sconfitte, fulcro dell'educazione sentimentale.

Di Ursula ho poche fotografie a disposizione. Mi attrae quella di una bambina seminuda, dai capelli chiari e avvolti in morbidi riccioli, in braccio alla nonna Ottilie, che guarda paffuta. Un piedino leggermente in tensione segnala un certo spaesamento. Qualche tempo dopo la ritrovo a suo agio pronta a farsi fotografare su un'alta e ingombrante carrozzella con il fratello Otto Albert corrucciato e quasi piangente. Sullo sfondo gli alberi del parco del Tiergarten, l'oasi verde ed elegante nel cuore della città. In passato riserva di caccia dei sovrani, e negli anni della Seconda guerra mondiale un immenso campo di patate per sfamare i berlinesi, che bruciarono moltissimi alberi secolari per scaldarsi e cucinare miseri piatti.

Una famiglia particolare la sua. La nonna Ottilie, una donna «piena di premure e di paure», la cui casa al pianterreno si situa esattamente di fronte al parco, da dove comincia il sentiero che porta al monumento della regina Luisa. «Quando le rendevamo la visita del mattino, prima della nostra passeggiata al Tiergarten, trovavamo la nonna seduta al tavolo mentre faceva la “seconda colazione”, cioè un bicchierino di porto e due fette di pane ben spalmate». Si narra che Ottilie e le sue quattro sorelle fossero state le prime a possedere telefoni privati per potersi raccontare lungamente ogni giorno le ultime novità; e senza nessun riguardo occupavano per ore il telefono della famiglia, tanto che nessuno si poteva neppure avvicinare all’apparecchio.

Una fanciullezza felice e spensierata, in una città amata e riconosciuta nel suo respiro e in tutte le sue sfaccettature, quasi poeticamente evocata:

> La sera a letto udivo il respiro della città. La luce ancora chiara del giorno morente filtrava attraverso le gelosie grigie; il rumore delle auto emergeva e svaniva riconfondendosi col brusio della grande città. Più tardi, la luce dei lampioni nell’oscurità. Il mattino, svegliandomi, sentivo che la città era già desta; udivo il suo leggero rumoreggiare da lontano.

Una città il cui ricordo, lieve e profondo, la accompagna nel tempo con il profumo dei fiori del parco, i cespugli di fiori rosa, le bacche bianche che se calpestate schioppettano. Ci sembra quasi di intravedere quel movimento del piede, che gioiosamente gioca, accanto al ricordo di nomi di fiori pronunciati dalla giovane bambinaia, tra cui spiccano i *Männertreu*, che collegava al carattere superficiale dei maschi. Tra quei viali Ursula impara ad andare in bicicletta. Cade e poi si risolleva. Si sbuccia le ginocchia, ma non teme e ricomincia.

I ricordi evocano lo zio Onkel Sepp, che presto abbandona la religione ebraica ritenuta un intralcio, il quale ha una pericolosa *liaison* con una ammaliante cantante bionda, e Onkel Franz, con la faccia da bambino invecchiato, perennemente disoccupato e perdente al gioco, che sperpera quel poco di denaro posseduto «con una donnetta cristiana», fino a richiederne senza pudore anche solo un po' ai piccoli nipoti. Morirà deportato in Polonia, e di lui non vi resteranno tracce. Una laconica cartolina da qualche città dell'Est è l'ultimo segno prima di sparire nel turbinio della deportazione.

La casa di famiglia è a Berlino Ovest, nella sobrietà di ville dai balconi fioriti e piccoli e curati giardini, dagli appartamenti ampi e confortevoli, dove le famiglie ebraiche e cristiane vivono fianco a fianco. Nessuna barriera tra le diverse religioni; si coltivano amicizie per generazioni e generazioni. Ogni mattina il padre, chirurgo, esce dal pesante portone di legno per avviarsi in un grande ospedale nella parte nord della città, così lontana per i figli «come i boschi oscuri delle fiabe di Grimm».

È una Berlino simile a quella dai tratti singolari di un valente fumettista americano, Jason Lutes, una Berlino mai vista prima, frutto di oltre vent'anni di lavoro, rigorosamente immaginata, pensata solo con gli occhi della mente, in bianco e nero. Una città di fumo, nella quale scorrono impressionanti storie individuali e collettive, ritratti di volti anonimi, auto, treni, cortei, un popolo che avanza e lotta, ma che viene sconfitto. Storie di emancipazione femminile, di sfide e solitudine, come quella della protagonista Marthe, donna libera da ogni pregiudizio. Una Berlino che via via si trasformerà in città della luce, attraverso tante tappe fino all'oggi, un presente in continuo divenire.

D'estate la famiglia Hirschmann lascia la casa di città e si reca in vacanza sul mar Baltico, i giovani a costruire trincee di sabbia, su cui si pianta la bandiera della Repubblica di Weimar, spesso distrutta da chi issa sulle proprie trincee quella del vecchio impero.

La madre per tutta la sua infanzia costituisce la figura più importante. Allegra e perennemente intenta a organizzare feste e preparare dolci. Sembra preferire il fratello a Ursula, sano, forte, amante delle lunghe camminate all'aria aperta. Negli anni infantili Ursula è ossuta, magra, pallida, assillata da continui esami del sangue e visite ai polmoni. Negli anni matura un conflitto molto forte con la madre, opponendo al suo stile di vita godereccio, allegro e raffinato una modalità alquanto puritana. La generazione vittoriana dei genitori, assai libera nello stile di vita, nelle relazioni – a cui si attribuiva l'espressione «comunisti da salotto» –, suscitava in Ursula «un fastidio insormontabile», rendendone difficoltoso il rapporto. Riteneva sua madre libertina più che libera, troppo esuberante, imperiosa, piena di pregiudizi e luoghi comuni, e reagiva quasi con rabbia a quel suo modo di vedere. Attraverso gli anni il conflitto non si è mai placato e:

> ogni tentativo di ristabilire con me l'armonia degli anni d'infanzia si è infranto contro la mia sempre rinascente repulsione per quel tono pomposo e insieme pronto al compromesso che sentivo in tutto quel che ha continuato a dire fino alla fine della sua vita, e contro il quale avevo cercato di formare la mia persona.

Quando la madre muore molti anni dopo, Ursula negli anni della maturità scrive senza mezze misure:

> Non l'ho amata, e per quanto risalga indietro con la memoria, trovo il mio sforzo di essere diversa da lei, e più tardi di proteggere la mia vita, il mio essere diversa da lei. Ma la sua morte mi ha spaventata. È stata selvaggia come la sua vita, e malgrado tutto mi sono riconosciuta in essa. Se non faccio attenzione, morirò come lei, selvaggiamente, senza rendermene conto, innamorata della vita malgrado tutte le paure, impreparata.

Innamorata della vita, proprio come Etty Hillesum, un'altra giovane donna, ebrea olandese, il cui rapporto con la madre Réva, scampata ai sanguinosi *pogrom*, è altrettanto difficoltoso, conflittuale e doloroso, rimanendo tale per tutta la sua breve esistenza. Il divergente modo di essere e vivere la vita che la madre non riconosce, scatena un sottile senso di colpa. Entrambe proveranno a stabilire col padre un rapporto privilegiato di affetto, se pur non di profonda comprensione, e a costruire consapevolmente la loro identità in opposizione a quella materna, senza mai pacificarsi con essa, mantenendo un rapporto fortemente passionale con la propria madre.

LEGAMI

E poi a Parigi. La *ville* dei fuoriusciti, degli esuli, di coloro che lasciano dolorosamente il proprio paese in cerca di uno spazio di libertà. Vecchi e nuovi amori, amicizie e legami si avvicendano negli ultimi mesi del 1932 e i primi dell'anno successivo, densi di esperienze e attività politica per Ursula insieme all'inseparabile fratello Otto Albert.

A Berlino ancora per poco. I giovani fratelli Hirschmann partecipano a manifestazioni e riunioni affollate organizzate dal cosiddetto "Fronte di Ferro", l'alleanza fra la Spd e gruppi socialisti e democratici, a cui offrono con passione il loro contributo, che sfocerà in una bruciante sconfitta con l'ascesa violenta del nazismo. Fino alla sera della presa del potere che viene descritta con immagini prese a prestito da un film. Otto, in un ridicolo vestito di lana verde fuori moda, raggiunge in bicicletta la sede del Partito comunista insieme alla sorella, giunta chissà come e da dove; il tempo svanisce il ricordo, «commossi fino alle lacrime», impotenti e sconfitti. Uno dopo l'altro se ne vanno silenziosamente a testa bassa. La Berlino rossa immersa in un silenzio surreale; mentre le orde naziste festeggiano sotto le finestre del Reichskanzlei.

Quando un loro amico viene arrestato con in tasca un'agenda con i loro nomi tra i tanti, Otto Albert è già in Francia per un soggiorno estivo; Ursula – facilitata dall'assenza materna – decide di partire alla volta di Zurigo con un giovane compagno di università, Ernst Jablonski, di cui sembra essersi invaghita, ma con il proposito di ritornare a breve nella capitale francese. Dopo qualche giorno piacevole trascorso nella città svizzera, in autostop partono alla volta della Normandia e poi via verso la *ville lumière*.

Un piccolo appartamento in periferia, pochi mobili che Ursula, Otto e Ernst, il comunista, laccano con colori vivaci. Giorni di passeggiate, gite e indottrinamento da parte di Ernst, sistematico, preciso e anche po' noioso. Ursula sembrerebbe convincersi, senza troppo entusiasmo, ad aderire al comunismo. Troppo giovani, inesperti nelle faccende amorose, delusi dagli approcci sessuali, imbarazzato lui, rancorosa lei, decide di porre fine al rapporto dopo pochi mesi.

Tra i contatti altalenanti con i fuorusciti, le riunioni in fumose e grigie stanze, sguardi sospettosi, linee di partito rigide, fredde e teoriche, troppo teoriche, desiderio e perplessità di entrare nel Partito comunista, Ursula, bellezza delicata dal volto pallido e i capelli ondulati raccolti in un piccolo chignon, riceve frequenti dichiarazioni d'amore, prima da uno scultore, vicino alla quarantina, dai capelli rossi e radi, e poi un goffo bacio da un certo Heinrich, comunista tedesco dissidente che le fa conoscere i crimini del partito, in una squallida stanza d'albergo tra cimici, umidità e mobili traballanti. Non lo rivedrà più. Molti anni dopo verrà a sapere che proprio Heinrich altri non era che Heinrich Blücher, futuro marito di Hannah Arendt. Figlio di una lavandaia, sionista pur non ebreo, filosofo, amico di Walter Benjamin, sposa la Arendt al suo terzo matrimonio, viene espulso dal partito nel 1936 per deviazionismo. In un rapporto mai interrotto con Karl Jaspers, alle sue reiterate richieste di considerarsi tedesco, avrà a rispondere: «Quanto mi sento tedesco? La mia risposta è nient'affatto. Così come una volta Hölderlin disse che non era più il tempo dei re, ora non è più il tempo delle nazioni». Anche lui senza patria come Ursula.

La fede nel partito presto vacilla. Forse come ella scriverà, era stato più un gioco che una cosa seria, nei mesi confusi dell'esilio parigino, o forse un tentativo di ricerca di una identità, di un senso da dare alla giovane e un po' inesperta vita.

Sono mesi segnati da incontri significativi, importanti se pur brevi, come quello con Mark Abramovic, amico "fedele", figlio di ebrei russi in esilio prima a Vienna, poi a Berlino, a Parigi e infine a New York, il cui padre era un dirigente del Bund. Già amici in Berlino, Mark, il timido e un po' balbuziente Mark, sincero socialista, si arruolerà da subito in Spagna. Verrà ucciso per mano di un comunista tedesco, una vendetta politica tra russi, caduto in una trappola al posto del padre. Il suo corpo non verrà mai ritrovato. La madre, fragile e dal delicato equilibrio, per anni corre alla porta a ogni squillo di campanello, in attesa del ritorno del figlio, in una speranza folle e straziante. Nelle numerose fughe porta sempre con sé il pesante e logoro cappotto del giovane in attesa della comparsa. Un'attesa lunga una vita.

Tra i tanti incontri quello con Renzo Giua mi sembra il più potente. Ursula fa la sua conoscenza nella primavera del 1935 a Parigi. Bel ragazzo, occhi «di un grigio acciaio», sopracciglia folte, denti lucenti e naso pronunciato, come emerge dalle foto segnaletiche conservate al Casellario politico. Renzo è figlio di Michele, sardo, professore di chimica, tra i dodici docenti che rifiutarono il giuramento di fedeltà al fascismo, e di Clara Lollini. Anche lei laureata in chimica, tra le prime donne, che firma col marito molti testi scientifici e traduttrice dal tedesco. Genealogie familiari che mi si presentano in questi giorni di scrittura, volti che affiorano, altri sfocati o mai visti, che si confondono, avvicendandosi in una sorta di giostra. Renzo viene arrestato a diciotto anni, per centotto giorni rimane in carcere, rilasciato fugge dal paese che ama, arrampicandosi sul valico dell'Autaret, lo stesso che secoli prima aveva attraversato Annibale nella sua marcia verso l'Italia per raggiungere la Francia, e finalmente Parigi, per aderire nelle fila di Giustizia e libertà, dove entra in contatto coi fratelli Rosselli. Giovane inquieto come altri fuorusciti dal nostro paese, critico severo, spirito libero e arguto, frequenta altri italiani accomunati da aspirazioni politiche fuori dagli schemi: Andrea Caffi, Nicola Chiaromonte, Mario Levi, Aurelio Natoli e "fratelli maggiori" come Angelo Tasca, «esempi di uno schietto, generoso, delicato fervore».

Ho avuto l'opportunità di leggere le lettere che Renzo e la madre si scrissero in quegli anni. Erano lì nel cassetto e ora rispolverate aggiungono nuovi sguardi. Lettere intense, dense di affetto e raccomandazioni. Una madre che ben conosce il figlio, definendolo uno «spirito errante, che non ha mai riposo», un temperamento ironico capace di mettere in discussione ogni cosa e sempre. In una missiva dell'estate 1936 la madre scrive dalla villeggiatura in un piccolo paese del torinese:

> Mi conforta il sapere delle buone e profonde amicizie che hai e che hai

> ben ragione di dire danno pregio all'esistenza, e che saprai conservarle come un bene grande.

Clara è una donna capace di tessere e intrecciare profondi legami familiari: un figlio prima in carcere poi in esilio, un marito in prigione, figli piccoli da accudire, un lavoro impegnativo e il sostentamento della famiglia. «Una madre – gli risponde Renzo – è un'essenza irriducibile, anche da lontano non può che occuparsi dei propri figli e del loro benessere». Nelle sue lettere troviamo qualche accenno qua e là all'ambiente dei fuorusciti, il cui giudizio è fortemente critico e pungente, definito un «cerchio infernale di disgrazie e bassezze [...] demenza esemplare», giudizio pervaso da un profondo scetticismo.

L'epistolario conservato al Casellario politico centrale conserva anche una toccante lettera di Mario Levi, amico di Renzo e come lui fuoruscito a Parigi, quel Mario figlio del professore Giuseppe Levi, espulso dall'accademia perché ebreo, professore che aveva formato generazioni di giovani ricercatori e poi Nobel come Rita Levi Montalcini. Una lettera scritta al padre e alla madre all'indomani della tragica fine in Spagna di

Renzo. La sua morte è un «colpo tremendo» per Mario e per i suoi amici. Nella sua camera Mario conserva il baule di Renzo con le cose più care che vorrebbe far pervenire alla famiglia. Si rallegra per la nascita di un bambino nella sua famiglia, anche se pensa che nel mondo in cui si vive e «con quello che si prepara sarebbe forse meglio che la gente non nascesse». Un pensiero che attraversa molti altri giovani come lui, venato di pessimismo legato a una visione del futuro prossimo densa di sconforto.

Nelle sue memorie Ursula ricorda con affetto l'amico Renzo, ironico, sorridente, un po' eretico, financo irresponsabile, un italiano leggero, così diverso dagli altri amici tedeschi, troppo seri e inquadrati, noiosi e anche un po' pedanti. Dissacrante, scanzonato, con una capacità di osservazione e critica dei partiti oppositori alle dittature, troppo arroccati e troppo ideologici, destinati alla sconfitta: una messa in discussione della partitocrazia che troverebbe oggi molti giovani in grado di comprenderlo e di condividerlo.

> Un giorno mi invitò con altri amici nella sua stanza, non lontana dal

> Panthéon. C'erano sopra il suo letto alcune fotografie colorate di donne, ritagliate da qualche settimanale da pochi soldi, come ne hanno sui muri delle loro camere certi operai o sportivi. Come era possibile che Renzo, uomo di cultura, non ne sentisse il cattivo gusto, la volgarità? Anche nell'abbigliamento, del resto, aveva sempre qualcosa di stonato, una cravatta vistosa, una giacca con spalle troppo larghe. Come se anche esternamente volesse esprimere la sua allegra presa in giro di ogni rispettabilità, compresa la propria.

È propria questa sua apparente normalità e banalità, sfidante e dissacrante nello stesso tempo, che ce lo rende più vero, più umano, più vicino a noi, per superare i processi di santificazione attraverso cui quella generazione è stata spesso raccontata. Uomini e donne in carne ossa, come già Antonio Gramsci, nelle sue acute osservazioni, ci invita a riconoscere.

Col suo carattere volitivo parte alla volta della Spagna, volontario della libertà, prima nel distaccamento volante della colonna anarchica Buenaventura Durruti, proprio quella nella quale si arruola Simone Weil –

chissà se si saranno incontrati in quei giorni confusi e frenetici –, e poi nelle Brigate internazionali. Ferito a morte a soli ventiquattro anni. «Il cuore dilaniato da una bomba falangista».

Arturo Buleghin, suo compagno d'armi in terra di Spagna, lo ricorda in un commovente articolo qualche tempo dopo:

> Verso sera Renzo era sempre loquace. Cominciava un po' confuso, come in amore poi, mano a mano che la discussione proseguiva, ordinava i suoi pensieri e li allineava perfettamente, come faceva con i suoi soldatini, di piombo prima e di carne poi. Al mattino invece era taciturno e pensoso. Perché gli chiesi un giorno? – "È il sole" rispose –. La risposta non diceva niente ma i suoi occhi dicevano di più: è il sole sembrava dicessero, che non entra nella cella di mio padre e nel cuore di mia madre.

Arturo, anch'egli appartenente a Giustizia e libertà, al rientro in Francia sarà arrestato, deportato e infine confinato a Ventotene.

Fili che lentamente si allacciano e si intrecciano. Giovani vite spezzate per sempre, intensamente vissute attimo dopo attimo, tragiche. L'ironia è la cifra dissacrante del loro vivere. Gratuità nell'agire, come nella morte violenta. Altre ne incontreremo in questo viaggio ideale.

Gli incontri di Ursula non finiscono qui, a Parigi rivede nuovamente un giovane amico che già frequentava a Berlino. Un legame che la porterà lontano. Eugenio, Eugenio Colorni. Un altro giovane ebreo, questa volta un italiano di origini milanesi. Scriverà di lui Ignazio Silone in una lucida lettera nel giugno 1944 a Ernesto Rossi: «Nutriva verso l'attività politica, nella forma spesso deprimente che essa assume nel nostro paese, lo stesso sdegno e la stessa insofferenza».

COSTELLAZIONI

Ci sono date che segnano simbolicamente la storia e ne influenzano il suo corso, talvolta molto tempo dopo. Altre che affiorano dalle storie e chiedono – in una sorta di muta implorazione, per parafrasare Siegfried Kracauer – di farle affiorare dall'oblio. Il 9 maggio 1921, il 9 maggio di cento anni dopo, ritornano ciclicamente in questi giorni di scrittura e mi offrono possibilità di sguardi incrociati e confronti arricchenti. Il numero ventuno ha un significato potente: nella Bibbia è la cifra della perfezione e della saggezza, ma simboleggia altresì responsabilità e sforzo che si sviluppa nella lotta dei contrari, abbracciando la vita sempre nuova dei cicli evolutivi, incrociandosi con il numero nove, a significare il compimento di una creazione, la misura delle gestazioni, l'unità nell'unità.

Ho davanti a me una fotografia di una giovane donna che sfida l'obiettivo, lo affronta in modo spregiudicato e diretto. È sorridente, una postura leggermente inclinata, un lungo ciuffo sulla fronte copre l'occhio sinistro, e una collanina forse dorata emerge in una sorta di *punctum* preciso e luccicante; un taglio di capelli singolare, quasi mascolino e da monello, oppositivo alle lunghe trecce delle ragazze ariane. Una modernità sorprendente. Eppure siamo alla fine degli anni Trenta.

Ci sono figure che si stagliano fuori dal tempo storico e proprio per questo ci possono essere di conforto nel nostro vivere difficile che ha fatto offuscare il presente e ogni progetto di immediato futuro. A cento anni dalla nascita, Sophie Scholl torna a interrogarci sul senso della vita. La sua pur breve e intensa esistenza offre un coraggio che possiamo provare a declinare con la vita di Ursula, certo più lunga, tribolata, ma che ha in comune diversi aspetti, solo apparentemente difficili da raffrontare. Donne la cui ricerca incessante della libertà è stata pagata a caro prezzo. Donne che hanno messo al servizio della storia la propria vita. Pioniere e libere, ognuna a modo suo, hanno precorso i tempi, accomunate dalla costante ricerca di una vita per sé e per gli altri. Entrambe tedesche, sin da giovanissime oppositrici al nazismo, credono nella politica e nell'impegno personale come alta espressione del fare, coniugata a una dimensione che rende i legami tra giovani della stessa generazione una forza attiva. «Qualcuno doveva pur farlo» è la risposta che spesso viene data da coloro che incarnano l'opposizione radicale alla dittatura, qualunque essa sia. «Qualcuno doveva cominciare, dopotutto» avrà a dire Sophie. Entrambe lo hanno messo in atto, sin da ragazze, correndo rischi e pericoli, che in quella età spesso non si riconoscono, e si affrontano spregiudicatamente, anzi la sfida assume il valore di un atteggiamento costante quando si è giovani.

Penso tra le tante ragazze a Tina Anselmi, che all'età di diciassette anni, inforca la bicicletta e sprezzante del pericolo, attraversa le strade della Castellana, partecipando come staffetta alla Resistenza, rispondendo in prima persona con il suo agire all'interrogativo: «Cosa possiamo fare?». In una testimonianza più avanti negli anni dirà su quella scelta poco meditata, fatta di impeto:

> Cosa possiamo fare? Stiamo qui e guardiamo? Potevamo assistere alla sofferenza, a quello che avveniva intorno a noi senza far niente? Dovevamo agire per non aggravare la situazione: per non sentirci corresponsabili dei massacri. E la nostra risposta venne, infine.

«Qualcuno doveva pur farlo», dirà Sophie durante il suo breve processo, alla richiesta del perché, «molti lo pensano ma non hanno il coraggio di dirlo ad alta voce».

Ursula, Sophie e Tina hanno un padre, oppositore alla dittatura, che amano molto e con il quale non entrano in quel conflitto che invece si sviluppa con la madre. Il padre di Sophie verrà arrestato e incarcerato, il padre di Tina, farmacista, che porta con sé nel portafoglio la tessera del partito autografata da Giacomo Matteotti, ogni volta che nella sua Castelfranco Veneto giungono in visita gerarchi, viene prelevato e costretto a suonare la campana per chiamare a raccolta i suoi compaesani, in caso contrario la gattabuia è d'obbligo.

Ragazze che hanno il coraggio di dire no, come la giovane Teresa Mattei, anche lei nata nel 1921, che in una grigia mattina del dicembre 1938, in un'austera aula del liceo Michelangiolo di Firenze, quando il professore di scienze parla della superiorità della razza ariana, si alza da sola scandendo tali parole: «Io esco perché queste cose vergognose non le voglio sentire». Verrà subito espulsa da tutte le scuole pubbliche del Regno. Partigiana, torturata in carcere, tra le ventuno donne della Costituente, continuerà le sue sfide, affermando i diritti delle donne, in particolare quelli delle ragazze madri come lei, che orgogliosamente sceglie di tutelare, nonostante le difficoltà che il suo partito, quello comunista, le impone.

Sophie ama il giovane Fritz così diverso da lei – affermando che l'amore può superare le differenze, perché l'amore è anche rispetto dell'altro – un giovane soldato che la aiuterà anche economicamente ogni volta che lei glielo chiederà per sostenere la sua causa ribelle, senza mai pretendere nulla in cambio. Un sentimento giovanile e puro segnato da una fitta corrispondenza epistolare nella quale emerge il grande amore per la natura, dalla quale Sophie sa trarre vitalità e forza.

> Distesi sul prato, i rami di faggio verde luminoso sopra di noi contrastavano il cielo con le loro tele di ragno bianche. In quella bellezza non c'era spazio alcuno per la guerra e per l'inquietudine. Vicino al ruscello i prati erano rosseggianti per i licnidi, e c'erano calle molto grosse e solenni. Nei prati e nei boschi centinaia di fiori e di piante continuavano a crescere. Nell'albero sopra di noi un uccello cantava, un altro gli rispondeva dal bosco, con la stessa dorata melodia. [...] Nella siepe di rovi in giardino (purtroppo per il gelo non ha più nemmeno una foglia) un uccellino ha fatto il nido, e sta covando quattro uova bianche gialle.

I fiori recisi le fanno compagnia nella sua piccola camera.

> Sul mio comodino ci sono due rose. Lungo la foglia e gli steli immersi nell'acqua, minuscole perline si sono messe tutte in fila. Com'è bello e puro questo spettacolo! Che fresco senso di serenità e di pace emana! Il fatto che esista una cosa così, che il bosco

> continui a crescere, e così il grano e i fiori; che idrogeno e ossigeno si siano uniti per formare le preziose tiepide gocce di pioggia estiva: a volte prendo coscienza di tutto questo in modo così potente, che ne vengo talmente pervasa, senza che mi rimanga il posto per un solo pensiero. Tutto questo esiste nonostante che l'uomo in mezzo al creato si comporti in modo talmente disumano, un modo che non può nemmeno essere definito animale. Anche solo il fatto che tutto ciò esista è una grazia immensa.

La cura del mondo che si abita, è una costante nelle lettere di Sophie e in quelle di uno dei fratelli, Hans, capace di trovare consolazione nella natura incontaminata, ma che consapevolmente non si vuole annullare in essa, «voltando le spalle al mondo e alla sua sporcizia», perché l'isolamento dal mondo è una sorta di tradimento, una fuga. E pur riconoscendo la propria fragilità, auspica di riuscire a compiere ciò che è giusto, perché si ha bisogno di giovani come loro, della loro forza e sfida coraggiosa.

Sophie trova nella natura vitalità e forza, e considera il vento autunnale alquanto «spassoso». Il vento la spettina e la fa somigliare a una strega, come ironicamente scrive: l'ironia è una modalità ricorrente. La velocità del vento la diverte e la alleggerisce per incanto. Ogni stagione ha la sua bellezza. E il cuore se ne nutre caricandosi di speranza, nonostante la guerra che incombe e lascia lutti e morte. Soffia la vita attraverso la natura e gli animali che intravede nelle lunghe passeggiate quotidiane che ama fare.

Come non pensare ad altre giovani donne che, nel turbinio della guerra e nella progressiva perdita di libertà, riconoscono che la vita è bella nonostante tutto. La giovane ebrea olandese Etty Hillesum sa vedere i lupini gialli oltre il filo spinato del campo di Westerbork, soccorre la vita in ogni sua forma; l'affascinante cantante d'operetta Marianne Golz, in carcere per aver salvato ebrei, in attesa della ghigliottina che le spezzerà per sempre la vita, guarda dalla finestra del carcere un albero in piena fioritura e ne assapora il profumo. La percezione della bellezza può salvare se stessi e gettare una luce oltre lo sconforto e la perdita della libertà, la stessa bellezza che anche Rossana Rossanda, nata a Pola, confine sofferto e lacerato, riconosce nelle sue passeggiate da bambina, «tra i narcisi alti come me che profumavano forte».

Legami profondi quelli dei fratelli Scholl come per gli Hirschmann. Otto Albert, il fratello di Ursula, come quello di Sophie, condivide le stesse posizioni e scelte. Entrambi stabiliscono con i loro insegnanti un rapporto di scambio intellettuale e di formazione che li porterà a una visione comune del mondo che esclude ogni forma di totalitarismo e oppressione. In un'intervista Albert ricorda:

> Ci sono stati insegnanti importanti; uno molto bravo, di religione, mi fece leggere i racconti di Tolstoj; era una persona davvero in gamba, che poi divenne un militante antinazista. Poi ebbi anche un eccellente professore di tedesco; era ebreo, ma rimase in Germania; parlava un tedesco straordinario. Non so come abbia fatto a sopravvivere. Era completamente dedito all'insegnamento della letteratura. [...] Formammo allora una sorta di gruppo di lavoro collettivo, una *Arbeitsgemeinschaft*. Per un anno intero, una volta al mese, ci riunivamo a casa sua.

Hans incontra il professor Carl Muth – cattolico, fondatore della rivista «Hochland», proibita dal regime – che gli fa conoscere autori ostili al regime. Nell'estate del 1942 Hans cataloga i libri della sua vasta biblioteca, frequentando ogni giorno la casa. Intavola così lunghe conversazioni, che saranno fondamentali nel suo percorso formativo. In una lettera lo ringrazia sentitamente per il senso dato alla sua esistenza, tormentata su strade inutili «il cui punto di arrivo era sempre il medesimo senso di desolazione, il medesimo vuoto».

Una lezione di vita, che oggi, sospesi da una pandemia, in parte annunciata, può offrirci esempio e speranza. La terra malata di umanità, come scrive Sophie, ha bisogno di cura, e curando la terra curiamo noi stessi e gli altri. Ognuno può fare la sua parte.

Volantini redatti di getto vengono distribuiti a migliaia dai fratelli Scholl e dal loro piccolo gruppo di amici, spediti a Monaco da altri luoghi, per sparigliare le carte, distribuiti di notte furtivamente con la bicicletta in giro per la città deserta. Audacemente scrivono col catrame sui muri per settanta volte "Abbasso Hitler". Tornati a casa brindano al loro agire.

I giovani del gruppo di resistenza Rosa bianca lanciano i loro messaggi dalla balconata dell'Università di Monaco, in pieno giorno, tra gli sguardi attoniti degli studenti e dei professori: «Noi non taceremo, noi siamo la voce della vostra cattiva coscienza; la Rosa bianca non vi darà pace». Un messaggio potente, provocatorio, di gran lunga anticipatore anche nel linguaggio:

> In nome della gioventù tedesca esigiamo dallo stato di Hitler la restituzione della libertà personale, il bene più prezioso dei tedeschi, che egli ci ha tolto nel modo più spregevole. [...] La parola tedesco rimarrà disonorata per sempre, se la gioventù tedesca non insorgerà e insieme vendicando e espiando non schiaccerà i suoi aguzzini e non darà origine a una nuova Europa dello spirito.

Il 18 febbraio 1943, Hans e Sophie vengono arrestati subito dopo il volantinaggio. Un tribunale speciale presieduto da Roland Freisler li condanna a morte, e quattro giorni dopo viene disposta in gran fretta l'esecuzione nel tardo pomeriggio. Hans numero 525, Christ numero 524, Sophie numero 526 verranno ghigliottinati.

Sophie la notte prima fa un sogno, che racconta alla compagna di cella:

> Era un giorno di sole e portavo un bambino al battesimo, avvolto in una lunga veste bianca. La strada per la chiesa diventava un rapido sentiero di montagna. Ma io camminavo sicura. Tenendo fisso il bambino. Improvvisamente però mi si aprì davanti un crepaccio. Ma ebbi il tempo di posare il bambino in un posto sicuro prima di sprofondare nell'abisso. Ecco. [...] Il bambino è la nostra idea, che si affermerà nonostante tutti gli ostacoli. Per quest'idea abbiamo dovuto preparare la strada ma anche morire.

Una maternità simbolica la sua, il figlio che non potrà mai dare alla luce. Quel sogno ci segnala la consapevolezza della trasmissione e del passaggio del testimone, prima di essere inghiottita nell'abisso. Quel che resta è il messaggio oltre la sua giovane vita.

Prima di lasciare la cella Hans scrive una sorta di graffito sulle pareti: "Vivere a dispetto di ogni male", e muore pronunciando "Viva la libertà". Perché la libertà sta al termine, come scrive il poeta ebreo Edmond Jabès ne *Il libro delle interrogazioni*. Il poeta dalle domande sovversive. In esilio a Parigi e cocciutamente antifascista.

Sophie, Hans, Ursula e altri ragazzi, non molti per la verità, sono giovani tedeschi appartenenti a una generazione che ha il coraggio di dire no, anche a costo di pagare un prezzo molto alto, financo la propria vita. Sparuti, si muovono attraverso traiettorie individuali, simili a quelle di altri giovani europei che vivono nello stesso arco temporale. Giovani che aspirano a una Europa differente, una Europa "dello spirito", una nuova Europa, di cui noi oggi abbiamo fortemente bisogno. La rosa bianca per taluni è il simbolo scelto. Quella stessa rosa che Tina Anselmi ama sopra ogni altro fiore, e la vorrà unica sulla sua bara nel duomo di Castelfranco Veneto.

Noi, solo noi, possiamo ora riprendere quelle storie, talvolta sconosciute, e tessere fili che le legano indissolubilmente tra loro, e costituiscono un universo fatto di scelte consapevoli.

Nel discorso di ringraziamento per il prestigioso premio ricevuto nel novembre 2008 a Monaco, intitolato ai fratelli Hans e Sophie Sholl, David Grossman, che ha saputo scavare dentro le ferite degli esseri umani, afferma:

> I fratelli Sholl e i loro compagni crearono una minuscola e audace cellula clandestina in una realtà di cecità, di omertà e di deriva scaturita da un'ondata di pulsioni nazionaliste e razziste. Il loro modo di agire, per quanto raro, dimostra con chiarezza che esiste un margine di libertà di scelta in quasi ogni situazione (benché sia difficile da mettere in pratica) e che anche in un contesto dominato da un sistema totalmente arbitrario ognuno di noi ha la possibilità di definirsi in maniera autonoma, di sottrarsi alla sfera di controllo assoluto di quel sistema. [...] Anche se Hans e Sophie e i loro compagni furono trucidati dal regime di quell'epoca ecco che, di fatto, non ne furono vittime. In una realtà tirannica e totalitaria, stabilirono le loro regole, le loro norme e i loro valori. In un luogo e un tempo in cui decine di milioni di persone ruggivano all'unisono "noi", loro dissero "io". Conoscete forse un coraggio e una libertà più grandi di quelli? *Decisero di vedere* [...] Se ne andarono in giro per il mondo come se avessero strappato loro le palpebre, chiesero conto alla propria coscienza di ciò che vedevano.

Una generazione capace di illuminare con le loro vite il buio di un'epoca.

Costellazioni di uno stesso cielo.

EUGENIO

Eugenio Colorni è il più piccolo dei cugini di famiglie ebraiche i cui figli saranno segnati da destini simili, ignari delle utopie e delle tragedie che attraverseranno le loro vite. A Forte dei Marmi, trascorre le vacanze estive, tra castelli di sabbia, lunghi bagni pomeridiani e giochi di gruppo. Un mosaico colorato e a tratti in bianco e nero, le cui tessere sono state raccontate da Clara Sereni, che ho conosciuto anni fa e che porto nel cuore, figlia del partigiano Emilio Sereni, Mimmo come lo chiamavano in famiglia, come me amava le murrine quelle piccole, colorate, luccicanti. Un minuscolo mondo di luce che si può portare in tasca o al collo, poco importa. Il vetro prende il calore della mano o del corpo che lo accoglie.

Mimmo sarà imprigionato nelle carceri italiane, come altri giovani che conosceremo a breve e che forse si saranno incontrati nei tetri cortili, dalle alte mura, nelle ore d'aria, condividendo idee, utopie, sospetti e dolorose esclusioni. In quella che qualcuno ha definito la dannazione del secolo scorso.

Eugenio, giovane e promettente studioso, filosofo lucido e visionario negli anni a venire, incontra Ursula in una biblioteca a Berlino nel 1932, lui a studiare Leibniz, lei a leggere Hegel. I loro timidi sguardi s'incrociano, si sorridono ogni tanto e dopo pochi giorni qualche domanda, e poi quattro passi nel salone d'ingresso della biblioteca, a parlare dei loro studi, per non parlare di sé. Lettore d'italiano a Marburgo, comincia con lei una corrispondenza, in particolare le scrive una toccante lettera dopo la morte del padre l'anno successivo, quel padre che incontrandolo per poco aveva detto alla figlia: «Questo è un pretendente serio».

In quei mesi, nella sua semplice stanza d'albergo nel quartiere elegante di Charlottenburg, abitato da molti ebrei come lui, Eugenio allestisce una piccola sede per stampare con un vecchio ciclostile un giornaletto illegale, «Der Jugendgenosse», redatto dai fratelli Hirschmann e da un loro amico. Da Eugenio, confesserà in un'intervista tanti anni dopo Otto Albert, imparò «la fiducia nel dubbio» come cifra dell'esistenza. Poco dopo la promessa di Eugenio a Ursula del suo totale sostegno in caso di pericolo o bisogno. E così sarà nel tempo a venire.

Ma è a Parigi che il legame tra i due si rinsalda. Eugenio, che ora insegna a Trieste nella scuola magistrale femminile "Giosuè Carducci" – rifiutando la carriera universitaria per non dover giurare fedeltà al regime – approfondisce i suoi studi filosofici, ma soprattutto i legami con l'antifascismo militante, prima in Giustizia e libertà e poi nel Partito socialista, i cui componenti sono quasi tutti in esilio nella capitale francese. Ursula, indipendente ora dal punto di vista economico per un piccolo lavoro da impiegata, progressivamente si allontana delusa dai gruppi politici di fuorusciti tedeschi, non nutre legami sentimentali e l'unico rapporto affettivo resta quello con il fratello. Scrive a Eugenio della sua vita parigina priva di stimoli e un po' banale, e subito riceve un invito ad andarlo a trovare a Trieste.

Prontamente lei accetta e a ventidue anni lascia la Francia, ancora in viaggio un'altra volta, verso l'Italia. Eugenio, interrompe il legame poco coinvolgente con la fidanzata ufficiale della buona borghesia ebraica, il cui rapporto stancamente continuava senza troppo ardore e trasporto emotivo.

«Senza erramento non ci sarebbe nessuna connessione da destino a destino: non ci sarebbe la storia», è il pensiero che ci offre Hannah Arendt, che ben si addice alla nostra protagonista, che fa della sua esistenza un errare, incontrando nell'erramento tanti destini che si incrociano fortemente e indissolubilmente con il suo.

Ursula è confusa, dirà in una lettera di essere "malata" nell'anima più che nel corpo, delusa, si sta spegnendo pian piano. Ha bisogno di trovare un nuovo senso alla sua esistenza. E allora l'amico triestino le viene in soccorso. Come non pensare a Etty Hillesum, che in quel tempo oscuro di conflitti, persecuzioni e mancanza di libertà, scrive nel suo diario di essere "costipata" nell'anima. Nella sua ricerca di salvezza interiore incontrerà Julius Spier, psicochirologo, allievo poco ortodosso di Jung, capace di curare attraverso i tratti e le linee della mano.

Diventerà il suo maestro, il suo amante, la sua fonte di nutrimento, e le offrirà una visione del mondo in grado di accettare il dolore e la sofferenza come parte integrante e indissolubile della vita.

Eugenio è ora ben felice di curarla attraverso il suo amore, offrendole il suo tempo, una vita in un'altra città piena di fascino e cultura, attraversata da uno sferzante vento di bora che tutto spazza via. Il vento, elemento naturale che accompagnerà le loro vite. Trieste diventa così per entrambi la città di adozione, anche se non per molto.

> Arrivai a Trieste al principio dell'aprile 1935, all'età di ventidue anni, e la vita in questa città mi piacque subito molto. La piccola città mi sembrava essere sempre in festa, così piena di sole, di vento fresco, pasticcerie a ogni angolo, mercati all'aperto con montagne di frutta, verdura e pesci di tutti i colori, la grande piazza con i caffè solenni e il mare davanti. La gente faceva ogni giorno la stessa passeggiata attraverso le strade festose fino alla piazza e ritorno, sempre con lo stesso piacere.

Trieste con le sue piazze e i suoi caffè, come una cartolina a colori. Viva e pulsante.

È così che Ursula la vede e la vive, filtrata forse da occhi annoiati del tempo berlinese in bianco e nero, e quello sospeso e un po' deludente di Parigi. Pian piano rifiorisce e comincia attraverso Trieste ad amare l'Italia, quella socialità che si sviluppa oltre le case e i salotti eleganti e accoglienti. I mercati all'aperto, con i loro colori, i loro aromi. La voglia di imparare la cucina italiana, che sostituisce in breve tempo la nostalgia del cibo tedesco, quella cucina dalle «salse sapienti» e un po' troppo aromatizzata.

Eugenio ha un rapporto con la madre Clara molto forte. Le scrive quasi ogni giorno, e quando le dirà che si è innamorato di una giovane tedesca, dopo qualche perplessità, lei chiede di conoscerla. Una fotografia le ritrae entrambe sul balcone di casa a Trieste, sorridenti e abbracciate. Entrambe coi capelli raccolti in uno chignon, entrambe con un vestito scuro, a segnare più affinità che differenze. Il *punctum* di quella foto, i numerosi piccoli bottoni foderati del vestito di Ursula, piccoli punti che si presentano anche lungo le maniche attillate.

Clara, zia del fisico nucleare Bruno Pontecorvo e del regista Gillo, è una donna solida e austera, i cui nonni avevano vissuto nel ghetto di Roma e poi trasferitisi a Pisa. A Milano sposa non più giovane un austero ingegnere, che presto la lascia vedova, per aver contratto la terribile spagnola in un viaggio di lavoro in Germania. Sola ad accudire i due figli, con i quali instaura un forte e un po' soffocante rapporto affettivo, forse venato di amarezza per la rigida vita e per una giovinezza trascorsa in un totalizzante impegno familiare. Un amore troppo contenuto e parco che lascia il figlio, passionale e tenero, in una profonda delusione e sofferenza. Eugenio riconoscerà più avanti che lui e Ursula hanno vissuto due infanzie molto differenti. In una lettera nei giorni d'inverno triestini del 1938, scrive:

> La mia infanzia è un periodo nebuloso, scialbo, senza colori rilevanti. Un bambinetto mediocre, un po' vanitoso, un po' iracondo, un po' bugiardo. Per te, un mondo pieno di forti sentimenti, di vere passioni, di danze, di ritmi, di addormentarsi in mezzo ai fantasmi, di entusiasmarsi per canzoni, per fiabe, per figure.

L'amore tra Eugenio e Ursula è dettato e sostenuto dalle idee, ispirato dalla sua irriverenza, dalla profonda cultura, dall'originalità del pensiero, prima che forse condivisione di un corpo e di un cuore, che nel tempo, segnerà il suo doloroso limite. Così ce lo segnalano le lettere che lui le invia nel tempo della lontananza forzata. Missive nelle quali emerge prepotente il rapporto intellettuale, forse più che la condivisione politica, il commento a comuni letture dantesche, a Shakespeare, a Goethe, ma anche l'interesse per scrittori come Scipio Slataper, in particolare al *Mio Carso*, che trasmette un «senso fisico, quasi sensuale» del paesaggio dei dintorni di Trieste, città amata e appagante.

Nella sua nutrita e consistente biblioteca figurano opere di Freud in tedesco, debitamente postillate; così come legge Svevo, e sviluppa un notevole interesse per Umberto Saba, il cui incontro nella sua libreria antiquaria di Trieste contribuirà a dare una svolta importante alla sua vita intellettuale e non solo. Una «strana bottega d'antiquario, s'apre a Trieste, in una via secreta», recita la lapide che ricorda quel luogo, prossimo alla casa di Eugenio, in cui si incontrano e scontrano l'anziano poeta e il giovane

Colorni, che dopo quell'incontro non saranno più quelli di prima. La poesia per Colorni, come scrive Alberto Cavaglion, assurge a una sorta di viaggio a ritroso nel regno delle madri e dei miti. E la depressione, che accompagna Saba per tutta la vita, aleggia su quel significativo e fortuito incontro. Quella malattia che si insinua subdola, segnando la vita e le opere di altri intellettuali triestini. Eugenio più volte nel corso della sua breve esistenza ne sarà dolorosamente segnato, come si evidenzia altresì dai documenti – straordinariamente interessanti, pur nella censura che li caratterizza – presenti all'Archivio centrale dello Stato. Mentre srotolo pian piano quei percorsi, si manifestano incontri che mi hanno accompagnato nella vita e che ne hanno influenzato il mio cammino esistenziale. Saba e Svevo, entrambi curati dal dottor Edoardo Weiss, allievo di Freud e zio di Laura Weiss, medico e dirigente politico, che incontrai a Trieste accompagnata da Giorgina Levi, che mi fece conoscere uomini e donne a lei legati da amicizia e condivisione politica. Un giorno trascorso insieme a Laura, nell'accecante luce della città di mare, sono stata accompagnata dai suoi racconti inediti di fedele segretaria, e forse non solo, del mitico e contraddittorio comandante Carlos, alias Vittorio Vidali, che segnarono profondamente quel lembo di luogo di frontiera, raffinato, pulsante e intriso di profonde cicatrici.

Eugenio e Ursula avevano voluto costruire un amore perfetto, che ben presto però si infrange in una relazione burrascosa, fatta di alti e bassi, di silenzi e recriminazioni, di conflitti, del desiderio di Ursula di essere amata come donna, anche attraverso il suo giovane e delicato corpo, ma altresì desiderosa di affermare la propria irriducibile libertà. Eugenio da parte sua cerca di rimediare offrendole un amore protettivo come si dà a una «bambina irragionevole» e non a una donna adulta. Disperazione e violenza, ossessione e gelosia lasciano Ursula prostata e infelice, irrequieta, affaticata di fronte alle scorciatoie di Eugenio per ritrovare un po' di pace e tranquillità. Una convivenza difficile e talora dolorosa per entrambi. A Trieste Ursula afferma di essere diventata una signora italiana, o almeno intraprende un tentativo di uniformarsi a un modello di donna elegante, dedita alle relazioni tipiche delle signore, tra commissioni, compere, passeggiate, letture, soste negli eleganti caffè triestini, dai grandi specchi luccicanti, cene da amici o presunti tali. Attratta in maniera ambivalente da una tentazione estetica che pone la donna fuori dalle dinamiche intellettuali, favorendone quelle tradizionali, che la collocano in uno spazio domestico, artefatto e troppo mondano per lei.

C'è un passaggio nel diario di Etty Hillesum che mi fa pensare a quell'atteggiamento contraddittorio, dove annota una fuggevole ma interessante riflessione, quella che in taluni momenti la vorrebbe come altre donne che incontra per strada, eleganti, frivole, leggere, attente a una espressione del tutto esteriore. Come vorrei essere normale e passeggiare con un elegante cappellino e un vestito alla moda, dice a se stessa in un dialogo interiore. Quale fatica e sofferenza invece porsi domande, lasciarsi invadere dall'inquietudine, essere attraversate dal dubbio come cifra della propria esistenza. E non poterne farne a meno, perché parte del proprio essere.

L'amore tra Eugenio e Ursula genera nuova vita. Nascono a distanza di poco meno di due anni l'una dall'altra le figlie, la primogenita Silvia il 2 aprile 1937, Renata il 7 novembre 1939 e Eva quasi due anni dopo. Parti complicati, dolorosi, vissuti in circostanze difficili e precarie, che lasciano Ursula, donna minuta ed esile, prostrata e in precarie condizioni di salute. Il primo parto le fa paura, le genera angoscia e timori ricorrenti. È troppo giovane, sola, inesperta, la madre di Eugenio è morta da poco, e lui stesso indica retoricamente quella prima esperienza come una educativa lezione di vita. Dopo la iniziale paura, la maternità le si rivela in tutta la sua potenza, «quando nacque Silvia ero guarita da una grande paura e felice». Il parto assurge a guarigione e fonte di nuova vita. Ogni volta sarà così, per le altre cinque figlie femmine che da lei nasceranno, e talvolta quelle vite, con le loro difficoltà, malesseri e malattie infantili, le provocheranno acuti sensi di colpa per non esser riuscita da subito ad affrontarle con forza e determinazione. La loro guarigione le provoca alla fine «una grande felicità e una profonda gratitudine» nei loro confronti.

Sono gli anni in cui si iscrive alla facoltà di Filologia moderna del Regio istituto superiore di Scienze economiche e commerciali alla Ca' Foscari di Venezia, chiedendo di essere ammessa al terzo anno, con la convalida di esami sostenuti a suo tempo a Berlino e Parigi. Si laureerà con centodieci e lode il 30 ottobre del 1939, nonostante le gravidanze, i viaggi, il tempo sospeso e sofferto di attesa e distacco da Eugenio in carcere e poi al confino. Vulnerabile, ma forte e determinata, come in altre prove che la vita le riserverà.

Tra il 1937 e il 1938 il fratello Otto Albert è a Trieste, assistente di statistica all'Università, fino a quando gli ebrei saranno espulsi da tutte le scuole di ogni ordine e grado. In quel tempo si rafforza il suo legame con Eugenio. Trascorreranno qualche giorno in vacanza a luglio dello stesso anno tutti e tre in Val Gardena, fra lunghe camminate, chiacchierate e fecondi scambi intellettuali. Otto Albert migrerà poi negli Stati Uniti, dopo l'esilio in Francia e in Inghilterra e la partecipazione alla guerra civile in Spagna, membro dell'Emergency Rescue che organizza vie di fuga oltre i Pirenei di molti esuli fra cui Hannah Arendt. Una lunga e promettente carriera lo porterà a collaborare con figure luminose del secondo dopoguerra, dal cugino Piero Sraffa a

Cambridge, a Willy Brandt, fino a Salvador Allende, di cui sarà consigliere economico. Una vita come avrà a dire, di continui sconfinamenti e «conseguenze inattese», proprio come sarà quella di sua sorella.

Nel caldo dei giorni dell'agosto 1938 Eugenio e Ursula rispondono al censimento degli ebrei emanato il giorno 22. Eugenio si dichiara iscritto alla Comunità israelitica della città, Ursula si definisce «protestante», quale forse in effetti era per educazione, mentre la piccola Silvia, di circa un anno, viene definita «senza confessione».

Eugenio, dai tanti pseudonimi nel tempo dell'attività antifascista, mi appare ora in una fotografia di quegli anni forse tra le più note, in maniche di camicia, chiara, con quel collo ostentatamente a punta, e in gilet, certamente fatto a mano, forse divenuto un po' troppo stretto e corto per i tanti lavaggi. Nell'assenza di libertà le scrive lettere accorate, nelle quali realizza una sorta di esame di coscienza, rivedendo l'idea di amore che in parte ha ispirato il loro rapporto. Pini, come la chiama affettuosamente il 27 maggio 1939, la mia nuova scoperta è questa: che voler bene a una persona vuol dire ascoltarla, capire anche quello che non dice [...], non "stilizzarla", non farla entrare in uno schema che già a priori si ama e si odia. [...] La forza e la vitalità dell'amore consiste appunto nel vincere, nel rompere queste identificazioni, nel "subire" una persona e "ascoltarla così com'è", e non nel farle violenza, per farla rientrare in uno di quegli schemi. Nota che questa predica è rivolta a me.

Il tuo Eugenio

L'ISOLA DEL VENTO

L'isola è lunga meno di due chilometri, larga fra duecento e ottocento metri, solo leggermente ondulata, sì che i venti la spazzano liberamente, ed è quasi priva di alberi. Normalmente non si vedeva tutt'intorno che mare e cielo, ma quando non c'erano brume all'orizzonte, alcune finestre delle case di Gaeta scintillavano riflettendo a noi i raggi del sole al tramonto, quasi a ricordare che il "continente" – come si diceva correntemente – nel quale, da Gaeta a Canton, un gioco terribile stava decidendo le sorti dell'umanità, non era dopotutto così lontano. Non c'era allora quasi un metro quadrato che non fosse coltivato, ma la terra non produceva gran che, bruciata com'era ogni anno dalla gran siccità estiva.

Così Altiero Spinelli descrive Ventotene, l'isola del suo confino e di molti altri antifascisti, dove scriverà con Ernesto Rossi il documento *Per un'Europa libera e unita. Progetto di Manifesto* più noto come il *Manifesto di Ventotene.*

Natura incontaminata, isola sferzata dal vento, terreno vulcanico che la copre di un colore scuro, con qualche luccichio talvolta. Gli uccelli migratori che provengono dall'Africa vi fanno tappa nel loro lungo viaggio che dista oltre cinquecento chilometri. Selvatica come il finocchietto che cresce libero e odoroso, Ventotene ha custodito storie, incontri, parole gelosamente dettate da uno spirito di libertà e dalla volontà di cambiamento. Sogni che diventano parole e parole che diventano speranze.

Ma è stata anche luogo di segregazione, isolamento, arbitrio e costrizione. Dal 1939 in particolare, anche se risale al 1930 la realizzazione della colonia di confino, sull'isola transitano e vi permangono, con tempi diversi a seconda della presunta pericolosità del caso, più di ottocento uomini in prevalenza, e anche donne, ritenuti pericolosi avversari del regime. Giungono al porto dopo ore e ore di viaggio estenuante, in celle di transito sporche e infestate di insetti, incatenati e ammanettati. Molti di loro vengono trasferiti dal carcere duro direttamente sull'isola. Anni di isolamento in celle fredde e buie, e con solo la vista del mare e l'aria frizzante a offrire conforto. Qualcuno dirà nelle sue memorie, «respiro quell'aria di mare come un affamato, l'aria che entra nei polmoni dopo gli interminabili giorni di reclusione nelle umide celle». Ben presto però la realtà si presenta in tutta la sua precarietà e privazione. Un libretto rosso viene consegnato a ogni prigioniero da portare sempre con sé, sul quale sono indicate le prescrizioni alle quali attenersi. Divieto di ascoltare la radio, divieto di entrare in rapporto con i locali, divieto di organizzare incontri e riunioni, divieto di scrivere più di una sola lettera una volta alla settimana ai propri cari su carta timbrata dalla direzione, rigorosamente sottoposta a rigida censura, divieto di entrare nei luoghi pubblici, e per alcuni di essi un milite li accompagna a tre passi di distanza in ogni minimo spostamento.

In quel luogo dal mare di un azzurro profondo e trasparente, dal panorama mozzafiato, dai tramonti dorati e dall'alba dai colori caldi, quella comunità «forgiata nella sofferenza e nell'eroismo che non proclama il suo nome» come scrive Marìa Zambrano, trova il modo di darsi regole, costituire una biblioteca, far circolare letture e commentarle fino ai minimi dettagli, inventarsi piccoli lavoretti, aprire botteghe, creare un'orchestrina che si esibisce la domenica, praticare la solidarietà, sognare un nuovo paese, una nuova Europa negli anni più bui di una guerra devastante e di un regime sempre più funesto. Così Ernesto Rossi, Esto per gli amici, intaglia burattini, una passione ereditata dalla madre che realizza colorati vestiti, Altiero Spinelli aggiusta orologi, Giuseppe Di Vittorio coltiva la terra e alleva una mucca, altri si ingegnano arrotini, ciabattini, stagnai, allevatori di conigli o polli.

Nascono struggenti amori, si spezzano altri già in crisi, si concepiscono figli, desiderati o nati per caso, si ruba o si paga un po' di affetto dalle donne isolane, con la pelle bruciata dal sole e dal vento, spesso analfabete, si rafforzano amicizie e altre si rompono dolorosamente, l'isolamento crea sospetti, esclusioni, trappole, ma anche atti fraterni di aiuto verso i più deboli, gli ammalati, i tubercolotici, di condivisione di cibo sottratto a se stessi, dalle modeste razioni. In quell'isola in cui scarseggia l'acqua, condividerla assume il valore di un gesto significativo, come anche quello di raccogliere acqua di mare per ricavarne sale, che manca sovente nelle mense, rigidamente divise per appartenenze politiche. Le poche donne confinate sono chiamate dalla comunità degli uomini a svolgere tradizionali «lavori donneschi»: rammendare calzini, cucire camicie, stirare quei pochi panni lisi e fuori moda.

Nell'isola «con un cielo e un mare mai visti», Eugenio Colorni, quell'uomo perennemente «agitato da un demone», vi giunge nell'inverno 1939, più precisamente il 6 di gennaio, dopo essere stato incarcerato alcuni mesi a Varese e a Trieste, condividendo la spoglia e fredda camerata con altri triestini. L'assegnazione al confino sarà per cinque anni, il periodo più lungo assegnato, una pesante condanna dovuta alla sua pericolosità più volte ribadita nei documenti trasmessi. Nelle prime lettere a Ursula si augura che, essendo ancora giovani e avendo tanti anni davanti a loro, potranno condividere momenti belli e sorridere nuovamente alla vita. Trova conforto guardando planare le rondini, depreca i bambini che riescono ad acchiappare con un sasso quegli uccelli stanchi dal lungo viaggio e cucinati alla bell'e meglio, mangiarli in un solo boccone. Ma man mano che il tempo passa, insieme alla richiesta di libri, sempre più cospicua, il morale si fa cupo, e la depressione si insinua nella vita di ogni giorno. Intanto giunge da una finestra aperta la musica da un grammofono che trasmette *Kleine Nachtmusik* di Mozart, una musica capace di dare conforto anche solo per un po'.

Ursula, la cara *Urselchen* per Colorni, come altre compagne o mogli, poche in verità, sceglie di raggiungere Eugenio. La piccola Silvia arriva qualche settimana più tardi accompagnata dalla zia Silvia, sorella di Eugenio. Quando vieni, quando giungerai da me, è l'appello accorato di un uomo a cui studiare e riflettere con i propri compagni non basta più. La domanda viene più volte rifiutata, e poi in un cambio di passo, dopo accorate lettere, finalmente accolta. Ursula l'ebrea, parte alla volta dell'isola il 4 di luglio.

In realtà era giunta a Ventotene per un breve permesso a marzo, sottoposta anch'ella «a debita vigilanza», non solo perché moglie di un elemento pericoloso, ma perché portatrice di «accesi sentimenti antifascisti e odio di razza». In quei giorni di vicinanza e bisogno di amore, viene concepita Renata, la seconda figlia. In una lettera da Berlino la madre lontana le confessa di essere «in perenne inquietudine» per lei.

Il viaggio del 4 luglio cambierà ancora una volta la sua esistenza. Sarai la mia villeggiatura, le scrive Eugenio. Sarà molto di più per ognuno di loro, e per altre esistenze che entreranno a far parte di progetti inaspettati e virate improvvise, neanche immaginate.

A Ventotene Ursula incontra Ada, la moglie di Ernesto Rossi, Ada che aveva sposato Ernesto in carcere nel 1931 con due secondini come testimoni, il suo «Ernesto adorato», una storia senza baci né carezze, senza mai aver consumato il matrimonio, fino al confino, il cui grande amore segnò il tempo di Ventotene e tutti gli anni a venire. Bella e altera, stridente e inopportuna rispetto ai gusti dell'epoca, la descrive Caterina Barilli, una donna dalle lunghe gambe magre, di una bellezza non convenzionale, né formosa, né materna. Ursula e Ada diventano amiche. Due donne alquanto differenti: Ada, di una generazione precedente, insegnante di matematica, allontanata dalla scuola pubblica per la sua tenace attività antifascista, che soffrirà per non aver avuto figli dall'uomo che ha amato intensamente per tutta la sua lunga esistenza. Ursula che di figlie ne ha avute sei, coniugando faticosamente sempre sul filo sottile di una linea a tratti lacerata, a tratti impercettibile, maternità e impegno politico nell'arco del tempo che le fu dato da vivere. Entrambe sfidanti e coraggiose, in un mondo segnato e declinato dalla quasi esclusiva presenza maschile. Ma senza di esse quel progetto di una nuova Europa non sarebbe mai approdato in continente. Troppo spesso dimenticate, cadute in un inspiegabile oblio o relegate al ruolo di mogli devote, silenti e amorevoli.

A ottobre Ursula lascia l'isola per il parto prematuro che si preannuncia complicato, e per sostenere un esame all'università di Venezia. Un parto difficile che la lascia indebolita, in uno stato di salute precario e preoccupante, così come per la piccola

Renata. Eugenio, in un accorato e toccante appello alle autorità, ottiene una breve licenza per raggiungerle a Milano.

Ursula farà ritorno a Ventotene, accompagnata nel viaggio dalla fedele governante Giulia Minola, «ariana e cattolica», con le due figlie nel marzo del 1940. Stanca, affaticata, ma fermamente decisa a farvi ritorno. Cosa avrà portato con sé nel suo bagaglio, quali ricordi, quali oggetti dai quali non si poteva distaccare, e da quali ricordi si è dovuta ancora una volta dolorosamente separare? E poi quel viaggio interminabile e difficile, lungo un'Italia desolata alla vigilia della guerra, su un postale traballante e disastrato da Gaeta alla volta di Ventotene. Una donna di poco più di ventisei anni che lascia ora sciolti i morbidi capelli scuri a incorniciarle il volto. Una piccola pinza metallica le ferma la folta capigliatura ondulata. Un leggero vestito a fiori con un piccolo colletto lascia intravedere il collo e il petto. Uno sguardo un po' sperduto, un leggero sorriso sulle labbra, la ritrae al ritorno nell'isola vulcanica, seduta davanti all'uscio di casa, ma un'indomita forza e determinazione la sostiene.

Il coraggio, forse anche un po' dovuto all'incoscienza giovanile, di mettere al mondo un terzo figlio, o meglio la piccola Eva, il 6 aprile 1941, in un parto ancora una volta difficile, con ripetute emorragie che la lasciano in un grave stato anemico nella clinica a Milano dov'era ricoverata. Eugenio, dopo alcune lettere supplichevoli e accorate, ottiene ancora una volta il permesso di raggiungerla. Lo scalcagnato postale lo riporta in continente nella sua città natale, accompagnato rigorosamente da due guardie che non l'abbandonano mai. A luglio Ursula fa di nuovo ritorno nell'isola con le tre bambine, accompagnata dalla fedele governante. Una deroga singolare alle leggi razziali, che vietano di avere una governante ariana al proprio servizio. Caldo, sole, vento, viaggio interminabile e faticoso. Un'altra volta. Ma lei vuole ritornare. È il suo posto, l'unico posto dove vuole stare. Quella giovane donna «ebrea germanica, già dedita ad attività antinazionale», come si segnala nelle note di accompagnamento al consistente fascicolo su Colorni conservate in Archivio di Stato. La precarietà mina la loro vita. A tre settimane appena dall'arrivo a Ventotene, la piccola

Silvia di quattro anni si ammala gravemente e viene ricoverata a Roma per febbre tifoidea. Rimane in ospedale al Bambino Gesù fino a settembre.

Intanto nei due anni trascorsi a Ventotene, un piccolo gruppo inseparabile formato da Eugenio Colorni, Ernesto Rossi e Altiero Spinelli, insieme a Ursula, presenza costante e attiva nel gruppo, sogna, legge, discute, si infiamma, redige un progetto straordinario, quello di una Europa «libera e unita», capace di superare i confini nazionali, preannunciando quasi profeticamente, in pieno conflitto e nella tragedia di quegli anni, nella lenta agonia europea, un continente autenticamente federale che ripudia la guerra, una nuova e accogliente casa comune. Ursula appena può partecipa agli interminabili incontri, è una convinta sostenitrice della causa federalista, porta nelle discussioni «il fervore della sua intelligenza e un accenno di umana simpatia», come scrive un altro confinato, Giorgio Braccialarghe, e afferma che lei pare «la donna contesa in una giostra intellettuale». Una giostra non solo intellettuale, ma anche di amorosi sensi. Una donna contesa, amata da due uomini, con due diversi temperamenti, entrambi amici e inseparabili nella vita quotidiana sull'isola. È l'immagine che mi sovviene quando penso a quei giorni e a quel gruppo, unito da affinità elettive, quella di una giostra: gioco, vertigine, stupore, meraviglia, tempo sospeso, un salire e scendere affannosamente, una giostra dai colori tenui come quelle delicate di un tempo, che a tratti si tramuta in una sorta di montagne russe, vorticosamente in movimento, che lascia senza respiro e con il cuore in gola. Talvolta impaurita e smarrita. Perché come scrive Tiziano Terzani, «ogni giorno è davvero un altro giro di giostra». Una giostra dalla quale è difficile scendere. Talvolta facendosi male.

È ancora Giorgio Braccialarghe a ricordare nelle sue memorie il tempo trascorso sull'isola dove urla il vento:

> Non saprei dire se la luce d'avvenimenti posteriori rischiarano il ricorso di quel tempo o se la mia perspicacia si dimostrasse eccellente, ma, ora, a me sembra che, nel vederli discutere, con foga, con Ursula che guardava ora l'uno ora l'altro, quasi timorosa di perdere una parola del discorso, mi

> dicevo che, nel loro affetto, era penetrato, inconsciamente, il desiderio di sopraffarsi, per acquistare meriti agli occhi della donna.

In una sorta di intellettuale tenzone.

Marìa Zambrano nel visionario libro *L'agonia dell'Europa*, scritto tra il 1940 e il 1945, riflette su quel tempo devastante e agonizzante per il nostro continente, e invita, in pieno conflitto, a risorgere, tentando di rischiarare questo cuore pulsante da tempo «torbido e smarrito». La cultura europea ha dimenticato «la cura del cuore». Il cuore confuso è la fonte del rancore. Quante similitudini con il tempo dell'oggi che stiamo tragicamente vivendo. L'esplosione del rancore, la decadenza dell'Europa, la crisi della sua grandiosità e bellezza, richiede di ritrovare le radici di un eroico idealismo. Ma l'amore non si rassegna, anche in mezzo al terrore. Quell'amore che è l'unica salvezza, come avrà a scrivere Ursula: «Ma noi possiamo soltanto amare. Non per bontà, non per senso religioso, ma perché è il nostro unico modo di restare nella realtà». E superare la notte oscura.

È nell'estate del 1939 che Ursula scorge per la prima volta Altiero, Spinelli il confinato, durante una passeggiata, unico spazio di libertà concesso loro. Lo ricorderà molti anni dopo in un'intervista rilasciata nel novembre 1987. Fa fatica a parlare per la malattia, scandisce lentamente le parole, mescola l'italiano con la sua lingua madre, il tedesco, che non dimentica mai e che insegna alle figlie, in un dialogo ininterrotto con esse. «Passeggiavamo tanto in quell'isola angusta. Così mi capitò di vedere Altiero da lontano, passeggiava anche lui». Turbamento presto messo a tacere. È ancora moglie di Eugenio, anche se i primi segnali di crisi si sono già insinuati nel loro rapporto. A posteriori nelle memorie interrotte bruscamente dall'emorragia cerebrale, lascia intendere che occorre andare oltre il giudizio morale, e rifiutare la parola tradimento, per nominare l'avventura, il divertimento, financo la fuga. Ma è solo fuga per poco. Il sentimento potente affiora e ancora una volta, e questa volta entrambi, lo vogliono a tutti i costi scacciare. Non si può in quel momento lasciar parlare il cuore. È tempo di pensare a un nuovo mondo, a un nuovo progetto politico. Il cuore deve tacere.

Altiero scriverà molti anni dopo ricordando il loro incontro:

> La vidi per la prima volta sulla piazza della Chiesa ove passeggiava appoggiata al braccio del marito. I capelli color rame, folti, tirati indietro, le cingevano il capo coprendole le orecchie ed erano raccolti in una massa pesante sopra la nuca. L'armonia di ogni tratto del viso era grande. Il corpo di giovane donna ventiseienne aveva una sorprendente mescolanza di vigore e di delicatezza, che la gravidanza sottolineava. Poiché era arrivata da poche ore da una lunga assenza, non osai disturbare la loro conversazione, e mi limitai a salutarli con un cenno del capo, passando oltre e pensando che certamente era a donne siffatte che i fiorentini del Duecento si rivolgevano chiamandole "Madonna". Nei giorni successivi feci la sua conoscenza. Era piuttosto riservata nell'espressione dei suoi sentimenti, ma possedeva una fonte profonda di calma felicità interiore. Sotto un'apparenza di timidezza e di incertezza celava una eccezionale capacità di decisione dinnanzi ad ogni situazione in cui si sentisse come sfidata.

È singolare che ognuno dei due autonomamente segnali l'attimo dell'incontro che cambierà le loro vite per sempre. Ognuno la propria rappresentazione, ognuno la propria narrazione. La memoria è elaborazione del passato alla luce del presente, è la rivisitazione di un evento fondante che può essere differente per ognuno di noi. Anche per una storia d'amore così potente. Segno di una grande autonomia e di una forte irriducibilità di ognuno dei due attori.

Ursula quasi ogni pomeriggio partecipa alle quotidiane conversazioni, al dibattito, alle interminabili discussioni tra Spinelli, Colorni e Rossi. E in quei due anni, come ricorda Spinelli, «accadde fra noi due nulla e tutto». Nulla perché il loro parlare era intorno alle questioni politiche, o al massimo sul pollaio di comune proprietà, nel quale Ursula veniva talvolta a prendere le uova o a metter gli occhi su qualche gallina. «Credo di averla toccata solo due volte, stringendole la mano» in quei due anni, una nel far la sua conoscenza e l'altra nel salutarla alla partenza per Melfi.

Una sera, prima di tornare nei cameroni, davanti a un bicchiere di passito, si guardano sgomenti, sentendosi infinitamente distanti dai compagni che conversano vicini a loro, da tutto il resto del mondo, dall'oste e da sua moglie che offrono il dolce vino dell'isola dal colore dorato. «Durò un istante, che ad entrambi sembrò un'eternità». Un'altra volta Ursula viene a prendere un po' di salame che Altiero affetta nella sua bottega di orologiaio per portarlo ad alcuni invitati nel cosiddetto cortile dei polli. «Ed ancora una volta per un brevissimo momento il mondo sospese la sua esistenza perché potessimo scrutarci silenziosi l'un l'altra».

Ma è il momento della partenza per Melfi che rivela potentemente il valore del loro sentimento. Per mancare a quell'incontro, lo riconoscerà molti anni dopo, Altiero si fa punire tardando all'appello. E allora lei lo viene a salutare sulla soglia della mensa. Non può partire senza vederlo un'ultima volta.

> La vidi giungere incappucciata sotto una pioggerella autunnale. Nel ricevere il suo saluto e dirle il mio, sentimmo ciascuno una disperazione muta, perché assai forti percepivamo in quel momento le probabilità che dalla guerra sarebbe sorto un mondo il quale ci avrebbe schiacciati o di-

> spersi. Mai più ci saremmo forse potuti dire le cose che non eravamo in grado di dire, ma che stavamo oscuramente preparando di dirci.

La sogna per le due notti successive. Lui che le tende le braccia e lei che sparisce pian piano in una sorta di nebbia. Una partenza che per i tempi oscuri che si stavano avvicinando avrebbe potuto essere un addio per sempre. E con essa il rimpianto di non aver detto le parole che mancavano al loro incontro.

Nel tempo sospeso dell'isola, sono ancora una volta le donne a progettare un viaggio avventuroso, e non privo di pericoli, verso la terra ferma per portare il *Manifesto* scritto su cartine di sigarette e nascosto nella pancia di un pollo arrosto secondo una tradizione narrativa codificata. Ursula e le bambine con Ada Rossi, le sorelle di Altiero, Gigliola e Fiorella, portano con sé clandestinamente quel testo per diffonderlo a Milano poi a Roma e a Melfi fra i cospiratori giellisti e socialisti. Donne staffette dei federalisti *ante litteram*. L'azione, scrive ancora Spinelli nelle sue memorie, forse sottovalutando un po' la portata e il rischio,

> era materialmente assai facile, perché lei [Ursula, *Nda*] doveva assoggettarsi ad una perquisizione sulla persona e delle sue valige, che consisteva nel fatto che la polizia la chiudeva in una stanza con una vecchia inserviente la quale invece di perquisirla intascava una lauta mancia, e un quarto d'ora dopo apriva la porta annunciando che tutto era in ordine.

Come scrive Lucio Levi, la stesura del *Manifesto*, le sue successive versioni, la sua diffusione sono avvolte nella leggenda, «e alcune sue zone restano in ombra e forse non potranno mai essere illuminate», e quella del trasporto nel pollo arrosto, la più suggestiva e teatrale, viene trasmessa oralmente da Spinelli molti decenni fa. Come ha sottolineato Sandro Portelli, non è rilevante la presunta veridicità del racconto in sé, ma la sua forza evocativa e narrativa: il suo valore risiede nei movimenti molteplici del racconto, nelle tante rielaborazioni e nelle sue circolazioni nel tempo.

Il *Manifesto*, grazie al coraggio di quelle donne, viaggia, circola, viene letto, riprodotto, tradotto, condiviso nei giorni più bui del conflitto. Il federalismo europeo non è più solo un semplice auspicio, ma un concreto e reale progetto politico, un programma di azione che segna il passaggio «dall'utopia alla scienza». Qualche tempo dopo, grazie alla traduzione di Ursula viene fatto circolare negli ambienti antinazisti tedeschi. È avvenuto il passaggio dalle enunciazioni al progetto e all'azione. Il volto del continente europeo muta, una nuova configurazione politica e istituzionale si fa avanti, pur tra mille difficoltà e impedimenti.

RI-NASCERE

Marìa Zambrano ci esorta ogni volta che ne sentiamo il bisogno a *dis-nascere*, ricostruire il proprio essere con lo stupore di un bambino, ri-mettendoci al mondo un'altra volta. Senza la sua ripetizione non ci può essere salvezza dal negativo della storia.

> Disnascere significa disfarsi dell'origine, della nascita, di un fatto accaduto che non possiamo più cambiare; disnascere è avere accesso al sogno e alla memoria, alla parte più autentica di noi. Di anno in anno non possiamo essere uguali, procediamo per accumulo di ricordi e presenza; la nostra vita è fatta di fantasmi, i ricordi si popolano, nella terra nascono nuove creature.

E così è per Ursula, in ogni esperienza di maternità, nel nuovo amore che viene alla luce, nella nuova vita che le si preannuncia inaspettata. Anche Altiero riconosce la sua rinascita, che parte da quell'isola sferzata dal vento e da quel tempo, sospeso. E imprescindibile. Senza il quale nessuno potrà essere diverso:

> Sentimenti, pensieri, speranze e disperazioni si ricomposero allora in un disegno nuovo, per me stesso sorprendente; la mia debolezza si convertì in forza; sentii che una consonanza straordinaria si stava formando tra quel che accadeva nel mondo e quel che accadeva in me. [...] Quegli anni in quell'isola sono ancora presenti in me con la pienezza che hanno solo i momenti ed i luoghi nei quali si compie quella misteriosa cosa che i cristiani chiamano l'elezione. [...] Compresi che fino a quel momento ero stato simile a un feto in formazione, in attesa di essere partorito, che in quegli anni in quel luogo nacqui una seconda volta, che il mio destino fu allora segnato, che io assentii ad esso e che la mia vera vita, quella che ora sto portando a termine, cominciò.

Un amore potente li accompagnerà per il resto dei loro anni. Nell'ultimo suo romanzo, *La carezza*, Elena Loewenthal ci racconta di una storia perfetta; descrive i due amanti, che dopo il loro incontro, le cui vite non saranno mai più come prima, condurranno le loro esistenze alla ricerca vitale di un nuovo incontro, rincorrendo le tante occasioni mancate o saltate.

> E loro due sono un vuoto e un pieno perfetto: combaciano sempre. Sono la frase che colma la lacuna, la presenza che cancella l'assenza. Sono l'istante in cui tutto comincia: fuori dal tempo, prima del mondo.

Ursula è attratta da Altiero per molti aspetti del suo essere, come scrive Valeria Aniello, in quanto «affabulatore, affascinante, uomo concreto, [...] comprensibile, ragionevole, distensivo, lontano mille miglia dall'irrequietezza, dalla complessità e dalla lucida, faticosa, talvolta inquietante ipersensibilità di Eugenio». Una sorta di *alter ego* di Eugenio. In una lettera alla moglie Ada, Ernesto Rossi, con l'ironia scanzonata che lo contraddistingue, scrive nel luglio 1940:

> In acqua sembra nel suo elemento naturale, come un tritone. Struscia con la testa sotto l'acqua fra gli scogli, fa capriole, tuffi, e scherzi di ogni genere. Io invece, sono una mezza schiappa.

Due figure, Colorni e Spinelli, così diverse fra loro ma anche legate da una forte amicizia e visione comune, nonostante ci sia un tempo nel quale lei resta in qualche modo legata a entrambi. Non può ancora lasciare Eugenio, e non può ancora riconoscere a se stessa il nuovo amore. Proprio non può. La crisi culmina a Melfi dove Ursula raggiunge Eugenio al confino ai primi di maggio del 1942, auspicando un luogo più salubre per loro e soprattutto per le bambine. Vi resteranno per circa un anno. E proprio in quei mesi, o forse un po' prima nei giorni della primavera, ha inizio la corrispondenza segreta con Altiero. Poi ciascuno dei due seguirà la propria strada. Per Eugenio la fuga, la volontà di lottare in prima persona, con la dolente consapevolezza, accompagnata da una sorta di furore per l'azione, che sceglie di rischiare fino a perdere la giovane vita, un andare incontro alla morte come estrema e ultima sfida. La febbre di azione, a cui accenna Alberto Cavaglion, si sostituisce alla cospirazione che aveva caratterizzato la sua vita negli anni Trenta, abbandonando la metafisica per imboccare la strada del fare.

Lungo quella strada Eugenio incontra nell'ultimo periodo della vita una donna, con la quale condivide le idee, il fare, l'impegno nella Resistenza, e anche l'amore. Scrittrice, pittrice, coltiva la scrittura e la lettura, lo ospita insieme al marito, rischiando di essere scoperti, nella sua casa a Roma, lui che una casa non possiede più. Da quell'incontro ne nasce un breve ma intenso sodalizio politico e sentimentale. Luisa Villani Usellini, l'ultima donna amata, fino alla fine tragica di Colorni. «Un meraviglioso rapporto-incontro» come avrà a dire, che scardina la sua vita familiare, irrompendo nella sua esistenza con una forza inaspettata e imprevista.

La paura, il nascondimento, il pericolo continuo, il rischio consapevole, lasciano spazio all'agire, fino all'ultimo, fino a quel 28 maggio 1944. Eugenio ferito a morte dalla Banda Koch a Roma pochi giorni prima che la città venga liberata. Una morte violenta e prematura che avviene il giorno seguente in ospedale dopo un'atroce e lenta agonia. Leggo la lapide che ricorda la fine tragica avvenuta in via Livorno al numero venti.

> Roma ricorda Eugenio Colorni
> filosofo socialista partigiano
> coautore del Manifesto di Ventotene
> medaglia d'oro al valor militare
> qui vittima il 29 maggio 1944
> dell'efferata violenza della Banda Koch
> durante l'occupazione nazista della città.

La lapide viene posata nel 2014 a settanta anni dalla morte.

Ci restano, giacimento prezioso, le lettere che Eugenio scrive a Ursula, «moglie» e poi solo «amica mia carissima», in una progressiva presa di coscienza che l'amore che li ha uniti e la condivisione intellettuale, prima ancora che politica, hanno segnato quegli anni. Missive nelle quali egli riconosce più di prima il valore di quella donna, il suo amore per poeti come Rilke di *Lettere a un giovane poeta* (la cui passione è condivisa con la stessa Hillesum), di cui cita dei passi nella corrispondenza, riconoscendo che, mentre Ursula lo leggeva intorno ai sedici anni, lui lo avrebbe conosciuto e apprezzato solo in età adulta. Proprio grazie a lei, musa ispiratrice, incontra poeti, affermando la «grande superiorità che hanno le donne (le vere donne, quanto poche ce ne sono!) di essere ricettive per istinto, e non, come noi, per faticosa conquista». Lucido e anticipatore ancora una volta.

Nell'attesa del suo arrivo a Melfi, Eugenio diventa consapevole della crisi senza ritorno del loro rapporto, non la forza a raggiungerlo, «vieni quando vuoi, come vuoi; ma non sforzarti a venire». Alcuni passaggi sono toccanti e struggenti, come le sue riflessioni sull'amore, che le scrive il primo marzo del 1942.

> L'amore è sempre uno stato di equilibrio instabile, e guai se cessa di esserlo, per diventare un equilibrio stabile. E che, appunto perché è un equilibrio instabile, è soggetto a rapide cadute. Ma che, appunto per questo, la cosa peggiore è di volersi continuamente preoccupare di conservarlo, di salvaguardarlo, di proteggerlo. Facendo così, lo si fa diventare un equilibrio stabile, cioè lo si ammazza. E allora? Allora l'unico è avere il coraggio degli equilibri instabili, essere pronti a tutto, non essere mai sicuri del domani. [...] E pensare con tranquillità che forse domani tutto potrebbe essere finito.

L'equilibrio instabile della loro storia d'amore.

Come scrive Simone Weil: «Nessuno ha amore più grande di colui che sa rispettare la libertà dell'altro» e nelle parole di Colorni si percepisce quell'amore e quel profondo rispetto per la donna che lo ha accompagnato, sostenuto, accudito, spronato per anni, che con lui tutto ha condiviso, la buona e la cattiva sorte, il progetto culturale, politico, esistenziale, costruendo famiglia e casa.

Nelle lettere tra Eugenio e Ursula non si fa mai cenno ad Altiero come un rivale, è un amico con il quale lui ha condiviso affetto, tempo, progetti, sogni. Ma è anche l'uomo che gli ha portato via per sempre la sua carissima *Ursel.* Entrambi la chiamano così nei momenti di tenerezza confidenziale. Possiamo solo ipotizzare che quella che a breve sarà la perdita più dolorosa della sua esistenza, abbia contribuito alla fuga verso un altrove, verso la morte. Una fuga che matura in totale solitudine e dolorosamente.

Come in una giostra. Una giostra che è la cifra della vita di Ursula e degli uomini che ha amato. Alti e bassi, giri vorticosi, stordimento, quel salire e scendere, quel sapere che Eugenio in quel momento non può fare a meno di lei, che si prende cura di un uomo sempre più attratto dall'agire sfidante, che sta per tuffarsi pericolosamente «nella vita illegale». Senza ritorno.

Il 2 maggio 1943 Eugenio redige a Melfi il suo testamento, poco prima della fuga avvenuta il 13 maggio. Nei giorni della scelta maturata e inderogabile e nel riconoscimento del suo disperato amore, scrive un testo straordinario e commovente, trascritto dalla figlia Renata che ne conserva l'originale. Ursula è nominata erede universale; a lei affida l'educazione delle tre figlie

> confermandole la mia piena fiducia. [...] Per le mie piccoline [...] mi astengo dal lasciare qualsiasi indicazione o consiglio: il sicuro intuito della loro Mamma le saprà guidare nella vita; e d'altra parte la pubblica morale ed il costume subirà un rivolgimento così radicale nei prossimi anni, che non mi è possibile segnare alcuna direttiva quanto alla loro educazione. Vorrei solo esortarle a considerare l'amore la cosa più seria ed importante della vita. [...] Vorrei esortarle a non spendere troppo facilmente i propri sentimenti, ed a non scambiare per amore un facile e passeggero eccitamento. In questo medesimo senso va

> il mio augurio a mia moglie, che benedico insieme alle nostre tre piccole, augurandole di tutto cuore di trovare quella serena felicità che il mio incapace, infelice, disperato amore non è riuscito a darle. [...]
> Dei miei libri, quelli che non servono a mia moglie, verranno distribuiti fra i miei amici: Altiero Spinelli, Otto Albert Hirschmann, Guido Morpurgo Tagliabue, Ernesto Rossi, Ludovico Geymonat, Willi Schwarz. [...]
> Non tengo affatto ad essere citato o ricordato pubblicamente. Mi è solo caro il pensiero di continuare a mescolarmi per qualche tempo alle conversazioni dei miei amici; a quelle conversazioni che hanno forse costituito la più pura gioia della mia vita. Se la cosa non presentasse troppe difficoltà, desidererei essere sepolto a Milano, nella tomba dei miei genitori; eventualmente cremato.

E così sarà. In questo tempo in cui non è possibile andare, viaggiare, visitare, Marta Valota, cara giovane amica, impegnata con passione in progetti di solidarietà internazionale, mi manda una foto dal cimitero monumentale di Milano, lei che come me ama i cimiteri e passeggiare tra le tombe. Lo abbiamo fatto tante volte insieme. La famiglia Colorni è sita nell'area israelitica del cimitero monumentale della città. Da un cancelletto oramai arrugginito si intravedono le lapidi della madre Clara, del padre, l'ingegner Alberto Colorni, e di Eugenio in basso, che non porta nessuna scritta, essenziale e austera, solo le date di nascita e di morte. Un vaso di fiori secchi e polverosi lasciati lì da chissà quanto tempo, davanti alle tombe di marmo chiaro avvolte da leggeri capitelli vagamente classicheggianti.

In questi giorni di scrittura la mia attività onirica intensamente lavora in parallelo. La storia che scrivo contribuisce a farla affiorare. Mi sveglio nel cuore della notte evocando il mio passato, che scorre come in un film, riaffiorano storie d'amore giovanili complicate e sfidanti, a volte proprio quelle clandestine, trovando un senso, riannodando fili, dialogando nel tempo, che sembra azzerarsi, in una linea temporale piatta, nei sogni è così, dove si affastellano personaggi del mio passato, e vengono nominati, i loro volti sfocati visualizzati, ora dopo tanti anni nei quali erano rimasti silenti. Forse almeno in sogno si possono nominare. In un impeto giovanile, avevo strappato alcune lettere, quelle più difficili da collocare, pensando allora che tutto si sarebbe inevitabilmente cancellato, e così il dolore per la loro fine improvvisa, talvolta senza un perché, sarebbe scomparso. Ritorna ora, e in qualche modo devo fare i conti con il mio passato, quel passato troppo a lungo rimosso e accantonato. Mi viene in aiuto la storia che sto scrivendo, quegli amori potenti e complicati, oltre ogni giudizio e ogni senso da dare a quelle esistenze, e forse anche alla mia ora. Ne sento il bisogno. La scrittura è salvezza. La scrittura salva.

Le lettere, poche in verità, che abbiamo a disposizione tra Altiero e Ursula, datate a partire dalla primavera del 1942, con alcune assenze temporali, che avrebbero potuto rivelare aspetti inediti e nuove ipotesi, e che umilmente accetto nella mancanza. Esse offrono al nostro sguardo un amore potente e duraturo nel tempo, oltre il tempo, nelle assenze e nelle lacune, negli spazi bianchi di quegli anni, riempiti da silenzi e parole vergate. È lei che si appresta a scrivere per prima a Spinelli, – un atto di coraggio e spregiudicatezza per una donna in quei tempi – una breve lettera, nella quale parla di solitudine, ma anche di felicità, del suo desiderio di dialogare con lui «in modo reale». Un carteggio che nomineranno «corrispondenza sulla solitudine». Due solitudini differenti, riconosciute, confrontate, che cercano l'altro prima nella costruzione letteraria e ideale, perché altro non si può nemmeno pensare, a loro è negato. Fino a quando? Ma fantasticare nella reciproca solitudine sì, è ammesso. Almeno un po'. Una solitudine che «non rinunzia, ma accoglie» scrive Altiero, che si accetta non senza sforzi e costrizioni, che fa i conti con le proprie ferite, talvolta diventate cicatrici, altre volte ancora sanguinanti. Lettere lette e rilette tante volte da ognuno dei due, e fonte di nutrimento reciproco in quel tempo arido di affetti.

La solitudine per Ursula è una parola magica, è uno stato di felicità, una sorta di tonico per il carattere. Con sincerità confessa che doveva trovare parole intelligenti per rapportarsi a lui, e ironicamente scrive:

> Perché pensavo: se non mi sforzo un poco di esser intelligente e di avere dei problemi, con che faccia gli scrivo? Capisco che questo pensiero è un

> abisso che ci separa. [...] Così soffro o sono felice secondo le costellazioni – e ai colpi della vita non rispondo con uno sviluppo nuovo, ma cerco di ovattarli per sentire meno il male. Forse mi credevi più cosciente, ma invece sono così.

Un avvio al dialogo, che è ammettere a se stessa per prima e poi davanti a lui, spogliandosi di ogni costruzione e menzogna, del bisogno di Altiero. Il corpo e la sua esperienza verranno dopo, in un altro tempo a loro ancora ignoto, ora è la «misura del pensiero», per attingere alle parole di Simone Weil.

Il 3 giugno Altiero, in una lunghissima lettera le scrive che lei farà parte senza dubbio alcuno del suo regno, fatto non di anime in pena, ma di esseri felici, «e tu sei una di coloro che ci vivranno», e sa che l'abisso che li separa, un abisso di paura e angoscia del perdersi che alberga nei cuori più forti, solo lui sarà in grado di estirpare, in quanto «non a te, ma a me spetta di colmarlo, l'abisso».

Ha così inizio il breve ma intenso rapporto epistolare, che come scrive Spinelli:

> durò un anno, una decina di lettere nelle quali, partendo da un pianissi-

> mo, ma con un crescendo impetuoso, lasciammo che prendesse forma e si esprimesse con pienezza quel che avevamo voluto ignorare, ma che non potevamo più negare. Quando lasciai Ventotene, sapevamo che ci saremmo uniti, per sempre.

Quando Altiero lascia l'isola, nel caldo agosto del 1943 dopo la caduta di Mussolini, scrive passaggi struggenti, che danno il senso di aver vissuto, nonostante il limite imposto, e forse proprio perché dentro quel limite di esperienze uniche e fondamentali per la sua esistenza è saputo stare.

> Guardavo sparire l'isola nella quale avevo raggiunto il fondo della solitudine, mi ero imbattuto nelle amicizie decisive della mia vita, avevo fatto la fame, avevo contemplato come da un lontano loggione la tragedia della seconda guerra mondiale, avevo tirato le somme finali di quel che ero andato meditando durante sedici anni, avevo scoperto l'abisso della rassegnazione, la virtù del distacco, il piacere del pensar pulito, l'ebbrezza della creazione politica, il fremito dell'apparire delle cose impossibili.

E in quell'isola alcune donne straordinarie nella loro normalità, hanno praticato l'accoglienza, la *pietas*, il lento lavoro di tessitura, il prendersi cura con amore dell'altro, hanno generato figli in quelle notti stellate – imprudentemente o coscientemente, non ci è dato saperlo – e a loro volta hanno ricevuto in dono lo spirito della costruzione di una comunità d'intenti, quella forgiata nella sofferenza e nell'eroismo, di cui ci parla María Zambrano, una comunità non sempre solidale, contraddittoria, a volte escludente e troppo giudicante, ma vitale e dispensatrice di un progetto politico e culturale inedito.

Altiero anni dopo, nell'estate del 1970, da Strasburgo per il suo incarico di commisario europeo, scrive a Ursula, confermando l'importanza del legame, dell'amore che li unisce oltre il tempo e lo spazio, che nell'assenza si riafferma attraverso nuove parole. Rievoca il rapporto con lei e gli anni di attività federalista, l'impegno ma anche le delusioni cocenti, che non possono essere disgiunte dal loro rapporto, anzi che ne costituiscono un tutt'uno.

Mia Ursel amata,
[...] Ora è quasi mezzanotte, ma prima di andare a letto ti telefono e ti scrivo questa lettera. Ti ho avuto al telefono, e sentire la tua voce carissima mi ha dato un po' l'impressione di averti qui. Perché ho voglia di stare con te. Mi ha fatto bene questa solitudine meditativa per le strade di Strasburgo, e nella mia solitudine ci sei oramai sempre anche tu. [...] Rievocando gli episodi di quegli anni, non provavo malinconia, o rassegnazione, o delusione, ma un senso di tensione carica ormai di storia, cioè di passato intenso ed operante ancora adesso.
[...] Ma ripensando alla mia vita più profonda devo constatare che in una cosa non mi sento simile ai profeti. Non sono tutto nell'azione, e non soffro eccessivamente se le cose sono più lente di quel che avrei voluto, se sono diverse, se mi portano sconfitte. Perché ho un giardino chiuso che è al di qua dell'azione, una sfera nella quale non si tratta di creare e dare agli altri e per altri, ma di vivere con pienezza, con felicità, possedendo sempre tutto, e perciò con un senso profondo di perfezione e di eternità, di infinito. Questo giardino chiuso sei tu, presente passato e futuro reale, a quattro dimensioni. Sei tu e siamo noi due, è il nostro amore.

Davvero suggestiva l'idea del giardino chiuso, che contiene l'amore e la dimensione del privato, della soggettività, dell'essere, già evocato nella seconda lettera della solitudine, quell'*hortus clausus* inaccessibile a chiunque. Un luogo celato al mondo che conserva profumi, fiori, colori, come nei chiostri dei monasteri, silenziosi e fonte di meditazione. Come non pensare al giardino chiuso de *Il Cantico dei cantici*, al quale Altiero, pur nella sua laicità, potrebbe aver tratto ispirazione ideale. Un inno all'amore spirituale e del corpo e dell'anima, totalizzante e unico.

> Giardino chiuso tu sei,
> sorella mia, sposa,
> giardino chiuso, fontana sigillata.
> Fontana che irrora i giardini,
> pozzo d'acque vive
> e ruscelli sgorganti dal Libano.
> Levati, aquilone, e tu, austro, vieni,
> soffia nel mio giardino,
> si effondano i suoi aromi. [...]
> Son venuto nel mio giardino, sorella
> mia, sposa,
> e raccolgo la mia mirra e il mio balsamo.

Il loro amore come un balsamo.

A guardare le fotografie, pur nella delicatezza del confronto, quelle con Eugenio sono immagini nelle quali entrambi guardano avanti, al futuro, mentre quelle con Altiero son quasi sempre immagini nelle quali loro due, colti di profilo, si guardano negli occhi, sono abbracciati, come quella scattata a vent'anni dal loro dichiararsi, a Berlino per la prima volta per Ursula, dopo aver lasciato la città nel lontano 1933, o ancora tenendosi teneramente per mano, come a Roma nel 1949, in una piazza San Pietro deserta.

Dopo la fuga di Eugenio da Melfi Ursula fa ritorno a Milano. Con l'aiuto delle sorelle di Spinelli, Fiorella e Gigliola, pubblica il primo numero clandestino de «L'Unità Europea», strumento principale per la diffusione delle tesi federaliste negli ambienti antifascisti. Nell'agosto 1943 è in prima linea nell'organizzare la prima riunione costitutiva del Movimento federalista europeo, nella casa milanese di Rita e Mario Rollier. Quella casa, nel quartiere liberty, in via Poerio 37, a fianco di una delle sedici case uguali nel mondo, costruite dalla comunità ebraica ortodossa dei Lubavitch, è il luogo dove dopo due anni si rincontrano Ursula e Altiero. Dopo il convegno, Ursula lascia Milano per raggiungere, ospite di Giulia Bertolotti, la casetta di Lanzo d'Intelvi, un paesino in provincia di Como, dove in quelle notti viene generata per amore la prima delle figlie di Ursula e Altiero, che nascerà nel giugno 1944. Diana, Barbara e Sara, nate a distanza di poco tempo l'una dall'altra andranno ad ampliare la grande famiglia, insieme alle altre tre sorelle, tenuta insieme dalla forza e dall'amore di Ursula.

L'ebrea errante, la donna senza patria, continua il suo viaggio, ora in Svizzera. Porta con sé i venti marenghi d'oro che teneva da parte per ogni evenienza, unico bene prezioso. Altiero arrotola in un fagotto poche cose, gli scritti di Ventotene, e il 15 settembre 1944 sotto la pioggia battente, attraversano con le figlie la frontiera, come esuli, al seguito di contrabbandieri; ognuno di essi ha una bambina sulle spalle e una valigia in mano, tra le alture ripide e i fitti boschi. Giunti ai bordi del lago di Lugano i contrabbandieri incassano la lauta ricompensa e scompaiono nella nebbia, lasciandoli soli. Si ripete dolorosamente la condizione dell'esule, ancora una volta si traversa la frontiera e si lascia tutto alle spalle, senza sapere se un giorno si potrà fare ritorno.

Ieri come oggi. Un gruppo di giovani musicisti, tra cui mio figlio Davide, sperimentatore accanito di nuovi suoni, compone brani di musica contemporanea, realizzando un progetto che supera i confini, attraversa le frontiere, le abbatte e le oltrepassa simbolicamente. La musica salva, lenisce le ferite e i dolori, contribuisce a dialogare oltre le differenze, così come le contaminazioni che questi giovani uomini sperimentano, dalla musica etnica, al jazz, alla musica elettronica all'hip hop, per scrivere un nuovo linguaggio di condivisione. Essere cittadini del mondo consapevoli e solidali. Li ascolto, li seguo e ne apprezzo la visione solidale.

Attraversano le montagne, al freddo, in pericolo e soli. Sotto falso nome, si ricomincia un'altra volta. Ursula, Altiero e le bambine ora sono a Bellinzona, vivono con l'aiuto dei sussidi di un comitato americano di assistenza agli antifascisti, il Joint Jewish Committee di New York, e con la solidarietà concreta di personalità come Bruno Caizzi, vecchio amico di Colorni e della moglie Teresa Salvadori Del Prato, che il 19 gennaio 1945 saranno i loro testimoni di nozze in quella città. In Svizzera Ursula ritrova i compagni berlinesi della sua giovinezza e con essi condivide il progetto europeista. Il lavoro è frenetico: si ciclostila, si scrive sotto pseudonimo, si traduce, si spediscono lettere, si intrecciano relazioni, si organizzano incontri, si studia nella biblioteca della Società delle Nazioni. È lei a curare personalmente i rapporti con i federalisti inglesi, francesi, tedeschi; redige i verbali delle riunioni, collabora alla redazione dei documenti finali. Un lavoro estenuante, senza sosta. Ed è proprio nei momenti più complicati che Ursula tira fuori il suo carattere e le sue doti: tranquillità, sicurezza e fermezza. Con lei collaborano attivamente altre donne: Ada Rossi, l'amica di sempre, Ernestina Battisti, le sorelle Spinelli, Valentina e Albertina Monti, Hanna Bertholet, Hilda Monte, Anna Siemsen, Aline Valengin, Margherita Scaler. Tante donne, ognuna con una storia che andrebbe ripresa, scritta e fatta conoscere.

L'anno successivo un altro viaggio li attende, questa volta a Parigi, raggiunta nel dicembre 1944 dopo una breve sosta a Lione, dove lei e Altiero vi rimarranno inaspettatamente circa sei mesi, con documenti falsi: coniugi Antonelli, corso lui, algerina lei. Il ruolo di Ursula sarà ancora una volta fondamentale, in particolare nell'organizzare il Convegno internazionale di Parigi tenutosi alla Maison de la Chimie nel marzo dell'anno successivo, che vede la partecipazione tra gli altri di Albert Camus, Emmanuel Mounier, George Orwell.

Altiero scriverà di quei mesi frenetici:

> Sbalordito guardavo Ursula, chiedendomi in quale pasticcio ci aveva messi. [...] Ma Ursula era tranquilla, sicura di sé, delle sue capacità animatrici ed organizzative, della sua tenacia, della sua antica conoscenza di Parigi.

Quei mesi, vissuti nel costruire una rete europea, in condizioni disagiate, in un alloggio dismesso in periferia privo di riscaldamento, sono segnati dalla lontananza delle quattro figlie, lasciate in Svizzera in condizioni precarie: tre presso una signora, e la quarta in una *pouponnière*, una sorta di asilo nido. Come si sarà sentita Ursula nel primo lungo distacco da esse? Confusa, divisa, straziata. La sua scelta si fa lacerante e indispensabile. Ancora una volta le si pone un doloroso dilemma: seguire la passione politica, l'uomo che ama, o restare con le figlie e prendersi cura di loro. La più piccola ha solo pochi mesi di vita.

C'è un passaggio nell'autobiografia di Spinelli, *Come ho tentato di diventare saggio*, che mi tormenta e mi interroga. Provo dolore e inquietudine nel leggere quelle righe. Quando Ursula ritorna a prendere le bambine in Svizzera trova

> Diana inselvatichita negli occhi e nei movimenti [...] priva anche solo di una briciola di calore umano. [...] La padrona della pensione in cui erano le tre figlie maggiori, deducendo dalla nostra lunga assenza che eravamo forse stati inghiottiti nel turbine della guerra, aveva deciso di economizzare sulle sue spese per le tre piccole ospiti, mettendole a dormire in una baracca insieme al suo personale di servizio e dando loro meno da mangiare; sì che Ursula le riportò a Milano [dove nel frattempo si erano installati, *Nda*] magre, affamate, sporche, malate. Provammo vergogna per averle abbandonate per tanto tempo e non le affidammo mai più ad estranei.

Forse solo Altiero può scrivere quelle parole, non lei la madre, perché troppo dolore provoca quell'abbandono. Leggiamo di un sentimento difficile da riconoscere e ammettere a se stessi prima di tutto: il sentimento della vergogna, che coraggiosamente si nomina.

Una storia da *feuilleton*, da romanzo ottocentesco. Affiorano, ma le scaccio subito, le pagine di Victor Hugo, quelle de *I miserabili*, della storia straziante di Cosette. È troppo? E troppo letteraria? È una finzione? Forse nella nostra storia c'è solo una madre che vuole salvare le figlie dagli esiti incerti di un nuovo rischioso viaggio, che è la sorte perenne dei senza patria e degli esiliati, ma anche dei cosiddetti rivoluzionari professionali novecenteschi. E degli esiti devastanti negli anni a venire di figli abbandonati a se stessi, lasciati lontani nei freddi e anonimi istituti finanziati dal partito, magari in Unione Sovietica, in totale solitudine affettiva, incertezza e privi di notizie familiari. Prima o poi qualcuno dovrà scrivere quelle storie, farle riaffiorare dall'oblio. Storie di sconfitta e di vuoto, di perdita e sofferenza.

In tante altre storie invece i rifugiati si muovono soli, senza una carezza, un amore, senza aver messo al mondo dei figli, o costretti ad abortire, come talune giovani militanti, in circostanze terribili e pericolose. Quell'aborto che impedirà loro dopo la guerra di creare nuova vita. Figli mai generati. Col rimpianto che affiora da vecchi e non ti lascia più, e ti assilla la domanda: perché quella dolorosa scelta? Che si insinua e si avviluppa nell'autorappresentazione costruita in tutta un'esistenza. Ne ho incontrate di quelle esistenze: spesso mi hanno chiesto per pudore di tacere su quella assenza, su quella mancanza, quella scelta dolorosamente obbligata. Le ho sempre rispettate. Vite che hanno inseguito rotte, e ora la deriva del tempo potentemente fa affiorare ciò che avevano ricacciato in un angolo del cuore pieno di polvere e macerie. Ricordi, solo ricordi.

Come scrive Erri De Luca:

> La vita [...] è una continua digressione, un imperterrito divagare che ha bisogno di ostacoli, rinunce, buona sorte e anche disgrazia, per compiersi. Solo da un arbitrario punto d'arrivo si può credere a un percorso, dare questo nome all'intrico dei propri giorni. [...] Dal guazzabuglio del passato

> emerge allora non la linea tratteggiata di un disegno, ma la forza posseduta dal punto di partenza, l'energia contenuta nella premessa. Allora da un arbitrario punto d'arrivo [...], pretesto per voltarsi indietro, ognuno può riconoscere la saggezza di un destino che divaga sempre e per compiersi non insegue rotta, ma deriva.

Le derive della storia, le derive di quelle storie fatte di buona sorte e disgrazia, a inseguire la vita o da essa inseguiti.

DIALOGHI

La figura di Ursula e la sua storia mi permette di entrare in un dialogo reale e virtuale con generazioni differenti, di provare a riflettere su di lei, intessendo e ritessendo relazioni, ipotizzando snodi biografici che hanno il Novecento come sfondo e l'Europa come chiave interpretativa.

Luisa Passerini, che sull'Europa ci ha offerto analisi, visioni colte e creative, con l'ausilio di linguaggi differenti, dalla memorialistica all'arte, dalla letteratura alla mitologia, ha riconosciuto in Ursula una donna speciale, dedicandole per anni giornate di studio internazionali sull'Europa. Quel continente di cui ha scritto così tanto, quello dell'amore, del mito, del ratto di una giovane donna, principessa fenicia, da parte di Zeus, trasformatosi in toro per poterla possedere, trasportata in mare fino a Creta, «in un tragitto esotico dell'altrove», come ha scritto Giulio Busi, prefigurando una sorta di esilio della fanciulla rapita, chiamata Europa per l'appunto, «dalle sottili caviglie e dalle belle chiome», come la descrive Esiodo.

Un quadro di Paul Klee – pittore espulso nel 1933 dall'Accademia di Düsseldorf, in quanto il regime nazista considera la sua «un'arte degenerata» – rivisita l'antico mito di Europa in una interpretazione, come ci dice Passerini, filtrata attraverso un linguaggio pittorico fatto di punti, linee e figure geometriche; si tratta di una donna esile, definita con leggeri tratti, dai grandi occhi e le gambe femminilmente accavallate, alludendo al clima buio e preoccupante del continente in quegli anni, a un passo dalla tragedia che presto devasterà il continente.

Ne *Il mito d'Europa* Luisa Passerini guarda al Novecento come secolo nel quale la sua narrazione assume nuove configurazioni: per alcuni rappresenta la lotta dell'Europa contro il nazismo, per altri l'emancipazione delle donne europee che, pur non intendendo rinunciare alle antiche forme di potere, ne assumono nel contempo di nuove.

Nel 1936 Henri de Montherlant pubblica l'opera teatrale *Pasiphaé*, figura mitologica, sposa del re di Creta Minosse dal quale ebbe otto figli e madre del Minotauro, che si spinge oltre le consuetudini della sua epoca, proprio come Ursula che sa andare oltre e non teme la sorte né il giudizio del mondo.

> Talvolta, nei momenti di debolezza, mi assale la tentazione di tradire me stessa e diventare uguale agli altri [...]. E per difendermi da questa tentazione non posso contare che su me stessa. [...] Felice o infelice, innocente o colpevole, io sono quello che sono, e non voglio essere null'altro. Cosa potrei fare se non quello che gli altri temono di fare? Al di là di questa patria, c'è un'altra patria, la patria degli esseri fuori del comune. [...] Io andrò incontro a quello che ho voluto, senza fierezza ma senza rimorsi. Questi, sono i sentimenti della Regina. Non è necessario che alcuno li approvi.

Tali parole possono essere utili per decifrare Ursula, nelle debolezze e nella solitudine ma anche nella convinzione che quella era la strada da percorrere, che ha portato talvolta a derive, a inseguire viottoli disconnessi e appena tracciati, a perdersi lungo il cammino per poi faticosamente ritrovarsi.

Il mito di Europa attraversa i secoli, riaffiora, risorge come l'araba fenice, si riproduce e ne viene modificato di volta in volta dal contesto, attraverso il nostro sguardo e da quello novecentesco. Il pericolo incombente rafforza il senso di comunità per molti intellettuali, uomini e donne impegnati nella lotta al nazismo e ai totalitarismi. «La minaccia costituita dal nazismo per il patrimonio di una comune civiltà europea contribuì ad alimentare il senso del valore di quella comunità e contemporaneamente ad acuire la percezione di che cosa avrebbe significato perderla», scrive Luisa Passerini. Qualunque interpretazione venga attribuita al mito, le sue trasformazioni in quei decenni mostrano una potente relazione con i processi politici e sociali del Novecento e con l'idea di una nuova Europa risorta dalle ceneri della guerra, di una Europa basata sull'amore, ma anche sulla rottura di convenzioni e modelli ormai desueti.

L'Europa per molti è stata un *altrove*. Sentirsi europei perché non ci si può sentire nient'altro. Senza patria, in un ordine fondato sulle singole nazionalità. Ursula è uno degli esempi più interessanti di tale modalità dell'essere, che riflette sull'agire di quel tempo.

Nella testimonianza scarna e senza retorica di Simone Veil in *Alba a Birkenau* – nata Jacob, internata a sedici anni ad Auschwitz, scampata alla lunga marcia della morte sotto la neve e il freddo pungente, prima presidente del Parlamento europeo nel 1979 –, ritroviamo la consapevolezza che il progetto europeo è l'unica possibilità di riconciliazione e crescita. «Come potevamo vivere, con ciò che è accaduto, tutti insieme? Ho auspicato che si formasse un'Europa unita. A condizione di non dimenticare». Il 24 ottobre 1979 Altiero Spinelli scrive di lei, osservandola con il suo sguardo acuto durante le sedute al Parlamento.

> È una donna tesa [...] non sa quasi sorridere. Questo comportamento assertivo ma in fondo consapevole di aver impegnato tutta se stessa e perciò impegnata a non distrarsi in alcuni momenti, questo atteggiamento l'ho incontrato in alcuni uomini politici, ma più spesso in molte donne politi-

> che. [...] Credo che ciò sia dovuto al senso che una donna così impegnata sa di essere su un terreno di fatto ancora ostile. Sente ghignare intorno a sé i maschi pronti a beffarsi di lei se non è in qualche momento all'altezza della situazione. E mi piace questa volontà concentrata di coraggio.

Nella marginalità dei ruoli, del pensiero elettivo di una minoranza, nel limite che quel tempo impone a coloro che sognano un nuovo modo di essere e vivere in Europa, si iscrive un'idea di amore che racchiude vecchi e nuovi miti, vecchi e nuovi linguaggi, dall'amore romantico al superamento del tradimento inteso nelle sue forme negative, ne sperimenta di nuovi, mantenendo l'epistolario dialogico come una delle forme più potenti del comunicare l'amore, intrinsecamente legato a un progetto di rinnovamento ideale e politico.

In una piacevole e tranquilla passeggiata in montagna la scorsa estate, in una giornata di luce e sole, Lucio Levi, caro amico, a suo tempo presidente del Movimento federalista europeo, mi esorta a scrivere di Ursula, conosciuta tanti anni fa, e frequentata insieme ad Altiero Spinelli.

Mi racconta lungo un pietroso viottolo:

> C'è un passaggio delle sue incompiute memorie *Noi senza patria*, che spiega come le vicende personali della sua vita l'abbiano predisposta a compiere la scelta di vita per il federalismo e l'unità europea. "Noi *déracinés* dell'Europa che abbiamo 'cambiato più volte di frontiera che di scarpe' – come dice Brecht, questo re dei *déracinés* – anche noi non abbiamo altro da perdere che le nostre catene in un'Europa unita e perciò siamo federalisti". Ursula è una testimone delle grandiose e tempestose vicende del secolo scorso, a Berlino la militanza nel partito socialdemocratico, – all'uscita da un'assemblea di partito assiste all'incendio del Reichstag – la fuga a Parigi dopo l'ascesa al potere di Hitler, la militanza nell'opposizione antifascista prima in Francia poi in Italia, la partecipazione ai dibattiti che portarono alla stesura del *Manifesto di Ventotene*, il matrimonio con due degli autori, prima Colorni poi Spinelli, di quel documento, che è stato messaggero di una nuova visione della storia e della politica, intesa come lotta tra nazionalismo e federalismo, e della formazione del movimento per l'unità europea.
> È nelle manifestazioni del Movimento

federalista europeo che ho incontrato tante volte Ursula Hirschmann, compagna inseparabile di Altiero Spinelli, con cui ho condiviso tante battaglie politiche fino al 2 dicembre 1975, quando ebbe un ictus che interruppe per sempre la sua attività politica. Quel giorno il Movimento aveva organizzato una grande manifestazione di fronte a Palazzo Barberini in occasione del vertice europeo dei Capi di stato e di governo che decise l'elezione a suffragio universale. L'inaspettata notizia del malore di Ursula attraversò la folla come un colpo di folgore, e il passaparola raggiunse rapidamente tutti i manifestanti. Visse ancora per molti anni, ma con una grave menomazione che la condannò all'afasia. Spinelli morirà nel 1984 e Ursula gli sopravvivrà altri sei anni. Un grande amore, davvero grande il loro. Spesso li incontravo mano nella mano.

Lucio Levi sa bene cosa significa essere *déracinés*. Ebreo, con la sua famiglia è costretto a fuggire, nascondersi, vivere gli anni della sua infanzia lontano da tutto e tutti. Una famiglia di contadini li salverà. Una famiglia di giusti. Giusti perché non si può essere altro e non si può fare che quello. E cos'altro potevo fare? Risuona nei racconti di molti testimoni che negli anni ho intervistato. In quella giornata assolata di luglio mi racconta quella storia di paura, nascondimento, silenzi, tante vite spezzate della sua famiglia, di non ritorno. Commossa ascolto quell'uomo mite colto e gentile che mi apre il suo cuore, su quel cammino di fronte alle montagne forti e massicce dell'alta Val Susa, che oggi altri viandanti attraversano, altri *déracinés* di questo tempo, in cerca di futuro e una vita degna di essere vissuta.

Chiara Varese, appassionata di storie di donne, condivide con me letture e mi fa conoscere nuove figure, poesie e testi letterari, trova in Ursula elementi di un suo legame ideale, differenze inevitabili e somiglianze in una ricerca comune, nel dare un senso alla propria esistenza giovane e sfidante, ieri come oggi. Un dialogo che ci attraversa in questo tempo devastante. Anche se ci manca lo sguardo, il dono dello sguardo, la cura dello sguardo come scrive il poeta irpino Franco Arminio. Presenza e assenza si avvicendano in un vortice. Restano le parole, siglate in tante forme, che proviamo a inventarci e reinventarci. La forza delle parole. E così mi dice Chiara in uno dei pochi incontri che siam riuscite a mantenere.

> Pensando alla sua infanzia e cercando di mettere a nudo le relazioni con la madre, Ursula le riconosce un'importanza cruciale nella sua esistenza. Giudicante, possessiva e onnipresente, è il perno attorno cui ruota la sua vita di bambina, ed è con lei che la piccola instaura un rapporto primordiale e passionale, fatto di contrasti. Un rapporto di amore e odio che sovente caratterizza le relazioni tra madre e figlia. Quando cessa il senso di oppressione per le ingerenze materne e non è più un oscuro fastidio, Ursula cerca in ogni modo di crearsi una propria indipendenza e di essere diversa dalla madre. E inventa per sfuggire al controllo familiare fantasiose bugie. La bugia è il nascondiglio segreto dove andiamo a rintanarci per sottrarci al giudizio degli altri, alle loro richieste insistenti, per sfuggire a modi di essere che non ci appartengono. Si tratta di dare alla libertà uno spazio nel quale poter crescere, non una astuzia fine a se stessa. È la storia di una donna inquieta – così mi appare – che si interroga sul mondo e su se stessa, divisa tra una vita straordinaria e la ricerca di nor-

malità, fra il desiderio di una famiglia e il forte bisogno di avere una stanza tutta per sé. È questo aspetto della sua personalità, la forza che sa trarre dall'autonomia, dalla libertà interiore, coltivata sin dall'infanzia, che mi avvicina e mi lega alla sua figura, che non conoscevo prima del tuo suggerimento a leggere le memorie incompiute in *Noi senza patria*, per tanti e tanti aspetti lontana dalla mia esperienza di giovane donna di oggi.

Il bisogno di esistere nel mistero e nella libertà, si ripresenta nel rapporto con il primo marito, Eugenio Colorni. Racconta di aver cominciato presto a discutere con lui: liti estenuanti e circolari che non portano a niente, che nascono da una sua irrequietezza di fondo e che Eugenio è particolarmente bravo a cogliere, anche quando affiora sotto forma di malumori impercettibili. Una sensazione, quella di Ursula, di essere un po' spiata. Alle continue richieste del marito di limpidezza, oppone il bisogno della cosiddetta mezza verità, quella di trattenere e saggiare dentro di sé un pensiero prima di condividerlo. "Sapevo che la mia sopravvivenza psichica era legata alla difesa della mia autonomia, o chiusura, o bugia, o comunque la si volesse chiamare".

In questa affermazione risuona l'eco delle parole di un'altra "senza patria", Nina Berberova. Anche lei una figura di donna errante, pur per ragioni differenti. Da San Pietroburgo a Berlino a Parigi e poi negli Stati Uniti. Nel libro *Il giunco mormorante*, apologo sulla libertà e l'amore, illustra l'importanza di preservare il proprio nucleo difendendo quella parte della nostra vita "di cui nessuno sa nulla", una vita interiore fatta di ore strappate al flusso regolare dell'esistenza. Questo spazio lo chiama "*no man's land*", nel quale ciascuno di noi è totale padrone di se stesso, e nel quale può leggere, scrivere, ricordare con maggior intensità. Se una persona non usufruisce di questo suo diritto ad avere una "terra di nessuno", scoprirà con tristezza un giorno di non essersi mai incontrata con se stessa.

Un'altra questione rende Ursula vicina al mio sentire e alla mia esperienza, oltre che incredibilmente attuale. Ricordando i suoi anni triestini, scrive: "Se medito oggi sul contenuto vero della mia angoscia di quegli anni, arrivo alla conclusione che mi sentivo presa, senza esserne cosciente, nel lento processo di fagocitamento in cui la nostra società – e nel mio caso la società italiana di quegli anni – colloca la donna. Questa società che ai maschi pone una serie di sfide per mettere alla prova le loro capacità, alla donna pone una lunga serie di tentazioni per metter fuori gioco le loro capacità". L'esempio che indica è quello della "tentazione estetica", del desiderio di frivolezze che ci viene somministrato fin dalla tenera età. Ancor oggi vengono date alla donna, in misura maggiore rispetto a un uomo, tante false cose di cui preoccuparsi.

In un altro passaggio dello stesso testo, nota come la sua vita sia stata un "continuo sforzo intorno all'amore, cioè intorno al nulla". Si chiede cosa sarebbe stato di lei se fosse diventata medico o architetto, se fosse stata costretta a incanalare il suo ingegno e la sua intelligenza, in una vocazione precisa, in qualcosa all'infuori di sé, e non nello sforzo che giudica "femminile", di comprendere e amare. Avrebbe conseguito quel distacco, quella serenità, quell'equilibrio che per tutta la vita ha cercato per la via "sbagliata", cioè la via dell'amore, la via femminile? La colpa di tale equivoco durato una vita, la attribuisce ancora una volta alla madre. Il fatto stesso di considerare "femminile" questo sforzo intorno all'amore sottolinea la differenza sostanziale tra ciò che è considerato

> d'appannaggio maschile e ciò che invece è tradizionalmente di competenza della donna. Che sia anche l'amore una tentazione per mettere fuori gioco le nostre capacità? La domanda resta, così come resta la necessità di amare.

Questo tempo di lontananza fisica, ha ampliato le relazioni, la ricerca di un loro senso, ritessuto vecchi legami, rivisitato rapporti che si erano allentati nella frenesia del nostro vivere. Così fino a poco tempo fa la lettera inusuale e rara, è ritornata ora a farci compagnia. Oggi riprende la sua forza oltre il tempo, stabilendo la cifra delle relazioni.

Luisa Passerini, maestra e amica da lungo tempo, mi ha persuasa ed esortato a lavorare su Ursula, a scandagliare aspetti poco noti o dimenticati, a ripensare al suo percorso, che lei aveva già saputo evidenziare anni fa. In una lettera rafforza tale auspicio, partendo dalle sue riflessioni e offrendomene di nuove.

> Cara Marcella,
> mi fa piacere riparlare di Ursula Hirschmann con te. Ho rivisitato la sua lezione qualche mese fa, dopo aver completato la cura degli Atti delle Giornate in suo onore intitolate a "Femmes pour

l'Europe". Tra i contenuti mi ha particolarmente colpito il contributo di Cristian Lo Iacono su *Noi senza patria*, e in particolare sull'autodefinizione di Ursula come "europea errante", per il suo carattere innovativo e la pertinenza ai tempi in cui viviamo. Il saggio è focalizzato sul "non essere a casa", sul trovarsi staccati dalla terra natìa anche nel senso di sentirsi stranieri a se stessi. Da qui prende avvio l'intento di pensare una nuova cittadinanza europea che abbia a che fare con lo sradicamento e con l'estensione dei diritti – compresi quelli ai sentimenti e alle affettività queer – nella contemporaneità transazionale. Lo Iacono cita una frase di Ursula del 1967, "che fortuna non avere una patria", come base per una valorizzazione positiva di tale perdita e di un senso di cittadinanza postnazionale. In questo senso l'Europa dei senza patria promette pace. Già Rosi Braidotti aveva indicato che, sulla scorta di Ursula Hirschmann, essere europea oggi vuol dire collocarsi dentro le contraddizioni storiche dell'identità europea, nel suo passaggio da esclusiva e gerarchica a molteplice e aperta come si conviene alla nostra epoca diasporica.

Ho sempre pensato che uno dei grandi contributi di Ursula e delle sue compagne di "Femmes pour l'Europe", come Fausta Deshormes, fosse il rapporto da loro fermamente stabilito tra vita privata e vita pubblica, tra l'essere mogli di europeisti e essere europeiste esse stesse. Credo che questo tocchi anche un punto di vista molto delicato, quello della maternità fisica e spirituale, che entrambe comportano un lavoro di cura rispetto agli altri, sia noti sia ignoti.

Trovo suggestivo rispetto alle scelte di vita non solo mie ma anche di molte altre donne, l'avvicinamento e il contrasto con un'altra figura europea, quella di Sophie Scholl, giustiziata dai nazisti a Monaco nel 1943 per aver continuato la propaganda clandestina antiregime fino alla fine. In questo raffronto mi colpiscono l'ansia condivisa di correggere le ingiustizie, la passione per la libertà, per lo sforzo di migliorare il mondo, e per la bellezza – della poesia per Ursula, della natura per Sophie – ma anche la profonda differenza delle scelte esistenziali. Sophie avvertì sin da giovanissima di non essere fatta per il matrimonio e per la maternità, nonostante i suoi profondi legami emotivi con la famiglia e con il fidanzato. Ursula ebbe due mariti e sei figlie, che dovette spesso lasciare a causa del suo impegno politico. Questo contrasto esprime metaforicamente un'affinità elettiva che significa molto per il diritto alla molteplicità delle scelte che ci troviamo di fronte. Entrambe queste figure ci invitano a pluralizzare la soggettività, e in particolare quella legata all'Europa, in modo che possa accogliere tutte le donne e gli uomini che vogliono condividerla. Sono convinta che il tuo libro contribuirà ad alimentare queste speranze e te ne ringrazio.

Luisa

Nel 1951 Hannah Arendt, rifletteva in *Le origini del totalitarismo*, sul diritto ad avere diritti, «o il diritto di ogni individuo di appartenere all'umanità», un diritto garantito dall'umanità stessa, come parafrasa *Il diritto di avere diritti* di Stefano Rodotà. La figura di Ursula è emblematica di un legame tra giustizia e uguaglianza, una storia comune e una comune umanità che dialogano con i nuovi diritti dalle fragili radici, che fanno pensare a una nuova cittadinanza europea, a partire dal non attaccamento alla terra natìa, come risorsa e in qualche modo una fortuna – come scrive Ursula nel 1967 – per pensarsi cittadini e cittadine di un progetto più ampio, capace di superare la cittadinanza postnazionale in un'ottica di coabitazione pacifica tra "diversi", incluse le nuove identità di genere che si riconoscono nel movimento e nella comunità Lgbt. «In fondo uno dei tanti vantaggi dell'essere senza patria – scrive Lo Iacono – potrebbe essere quello di avere maggior libertà nel costruirsi la propria genealogia. Ciò non vuol dire, ne siamo consapevoli tutte e tutti, che ogni genealogia è possibile».

E guardo al passato, a quella storia di cui mi sono nutrita nel tempo, dei *déracinées*, che in assenza di radici hanno rivendicato un profondo senso di umanità, estranei a ogni gerarchia sociale, come Rosa Luxemburg. «Non erano ebrei assimilati, erano ebrei europei» ci dice Hannah Arendt. Proprio come Rahel Levin, meglio nota come Rahel Varnhagen, di cui Arendt ci offre uno straordinario e illuminante profilo. Una vita metafora dell'erramento, dello sradicamento, una biografia interpretata come reazione al nazionalismo antisemita degli anni Trenta, che la filosofa cominciò a scrivere in quel periodo, abbandonata più volte e poi ripresa e terminata su spinta dell'amico Walter Benjamin. In una lettera al marito

August, Rahel osserva come l'immagine che lui aveva scelto per il suo destino fosse la più pregnante:

> Tu mi confronti a un albero che sia stato sradicato dalla terra e poi ripiantato alla rovescia: la natura lo ha dotato di troppa forza! La cima mette radici e, maldestramente, le radici diventano cima. Così, caro, purtroppo, purtroppo, sono io. Questa è la misura della mia vita. Il suo primo attaccarsi al reale. Lascia che questo sia il mio epitaffio, e insieme è il mio paradosso.

Dialoghi cercati, voluti, dialoghi che inaspettatamente si intrecciano nei giorni della scrittura. La mia cara amica, Marcella S., mia omonima, mi offre la possibilità di dialogare con Gianfranco Spadaccia. Una lunga telefonata, condotta con tanta gentilezza, in un freddo pomeriggio di gennaio mi scalda il cuore. I suoi ricordi riaffiorano delicatamente. Un giovanissimo iscritto al Movimento federalista europeo che a poco più di quindici anni, nei primi anni Cinquanta, conosce nelle polverose stanze che ospitano il movimento, Ernesto Rossi e la moglie Ada, coi quali manterrà per tutta la loro vita un rapporto di affetto e amicizia, condividendo battaglie politiche e civili, come quella per il disarmo atomico. Ernesto che si firmava Esto e accanto alla firma tratteggiava un burattino, i suoi amati burattini che nei tempi del confino costruiva pazientemente. Successivamente conosce Altiero e Ursula, inseparabili e sempre insieme, illuminati da un amore fuori del comune. Molti anni dopo abiterà non lontano da loro nei pressi di Villa Pamphili. Con il timbro di voce emozionato mi racconta che poco più che adolescente, incontrando Ursula se ne innamorò un po'. Una infatuazione giovanile. Quando glielo racconta anni dopo, Ursula sorride a quella ingenua confessione. Molto più grande di lui, esercitava un fascino contagioso. Bella, intelligente, colta, autonoma, di una singolarità eccezionale, cittadina del mondo, figura mitica che aveva contribuito a diffondere il *Manifesto di Ventotene*, le idee federaliste, una vita avventurosa come quella di tanti rifugiati negli anni bui dell'Europa, rappresentava un ideale fuori del comune e un esempio. Poche donne come lei hanno incarnato quell'ideale. Forse più che innamoramento, è stata fascinazione, precisa dopo un attimo di silenzio, come quella che da adolescenti si prova per una figura mitica e irraggiungibile. Provo empatia e tenerezza per quella confessione che mi regala e mi offre, a me sconosciuta. Mi torna alla mente una fascinazione pericolosa e sfidante che tanti e anni fa provai per un uomo molto molto più grande di me, giovanissimo partigiano – ragazzo, ferito da una scheggia, miracolosamente salvatosi, una sorta di Fred Buscaglione *ante litteram*, amante del jazz e del ballo e delle donne, irriducibile sempre, fino alla fine della sua esistenza. Il suo partito, nel quale militò per tutta la vita, attraverso la voce di oscuri e scialbi funzionari, periodicamente gli rimproverava le sue sfide e il suo stile di vita poco ortodosso. Ora solo ora posso permettermi, grazie alla confessione di Gianfranco, di dirlo prima di tutto a me stessa, di rispolverare quel ricordo lasciato in fondo a un cassetto. Esplicitarlo per la prima volta. Infatuazione, mito ravvicinato, un fantasma del passato che riaffiora.

Si perdono di vista, Ursula e Gianfranco, lui la segue da lontano, lungo la sua carriera politica che lo porta a diventare uno dei fondatori del Partito radicale, deputato, senatore, giornalista, conduce battaglie coraggiose e di civiltà, per il divorzio, l'obiezione di coscienza, la riforma carceraria, contro la pena di morte, arrestato per aver partecipato a lotte come la depenalizzazione del reato di consumo di stupefacenti. Gianfranco sarà amico di alcune delle figlie di Ursula, che rivedrà solo durante la malattia che la lascia parzialmente immobile e silente. È il periodo in cui lei decide di iscriversi al Partito radicale, e vi aderirà fino alla fine, condividendo le battaglie laiche dei radicali, nella consapevolezza critica che ha sempre accompagnato le sue azioni politiche. Ada Rossi, amica di sempre, ne è felice, lei che da molti anni è iscritta al partito. Di Ursula, avrà a dire, «è una donna molto coraggiosa e fiera, possiede uno straordinario senso della politica: se oggi sceglie di iscriversi al Partito radicale è perché ha compreso che si tratta di un partito che pensa europeo».

Prende la tessera nel gennaio 1987, a pochi mesi dalla morte di Altiero, forse in un afflato di gratitudine *post mortem* nei confronti di Pannella, che Altiero avrebbe voluto suo erede politico. Egli, pur convintamente europeista, non accettò mai, forse per il suo spirito libero e irriducibile. Non voleva essere l'erede di nessuno Marco Pannella. Lui, solo lui, senza passato, né futuro. Nel presente *hic et nunc*. Una adesione, scrive in una lettera a Pannella, che troviamo citata nelle ultime pagine del libro di Silvana Boccanfuso, «al condizionale», di una federalista che crede in molte azioni dei radicali, ma con uno «sguardo sempre vigilante». Lo sguardo con cui ha sempre guardato il mondo.

LA CURA

Alla fine del conflitto e col ritorno alla normalità, Ursula si dedica soprattutto alla cura della sua numerosa famiglia: Silvia, Renata, Eva Colorni, Diana e Barbara Spinelli, alle quali segue di lì a poco la nascita di Sara.

«*C'est le ton qui fait la musique*» scrive in quel periodo. Poco alla volta diventa stretta collaboratrice di Spinelli, sua consigliera, confidente e musa ispiratrice, in un dialogo costante e critico, sancito da un forte legame intellettuale, un'unione che si sviluppa in una totalità di amore e condivisione di un progetto, quello europeo, nel quale progressivamente il suo ruolo assume un posto rilevante e imprescindibile, anche se spesso silente e non riconosciuto pubblicamente. Scrive Maria Grazia Melchionni:

> Era una delle poche persone che aveva un ascendente intellettuale su di lui. Poliglotta, abituata a muoversi per l'Europa ed orientata a stabilire relazioni positive con il prossimo, dotata di una capacità organizzativa e di una tenacia teutoniche, oltre che bella e sicura di sé, lo ha affiancato efficacemente in tutte le sue attività, federaliste e non, per oltre 25 anni, svolgendo un ruolo insostituibile di tramite presso compagni di lotta federalista, esponenti di altri gruppi politici, intellettuali e figure di spicco dell'*establishment* politico europeo.

Una presenza costante in ogni fase della vita politica e pubblica di Altiero, in ogni avventura, che talvolta si è conclusa con una cocente sconfitta. «Quasi ogni volta – scrive Spinelli – con smarrimento e rimprovero di quelli che mi erano stati vicini e che avevano creduto nel mio disegno, ho fatto seguire all'impeto dell'azione un ritiro nel deserto a mangiar locuste e a meditare, senza sapere se ne sarei tornato». Ursula gli offre ogni volta quella capacità di risorgere dalle sconfitte, con la sua presenza amorevole e fiduciosa, in giorni di ritiro nella loro casa rifugio di Sabaudia, a riprendere forza dall'energia del mare, a nutrirsi reciprocamente della potenza e indistruttibilità del rapporto. Ci resta una loro fotografia nella casa sul mare. Sorridenti, guardano l'obiettivo e chi li fotografa. Forse è una delle figlie a ritrarli. Altiero le cinge amorevolmente una spalla. Porta una mano in avanti, quasi a confermare che ci sono, e sono lì ancora una volta insieme. Nel tempo della vecchiaia. Entrambi con i capelli bianchi.

E poi i viaggi a Berlino, pochi in realtà, a partire dal 1950, accompagnati da «un amore struggente per quella nostra città». La città di Ursula e di suo fratello Otto Albert che non aveva più rivisto. Una città «padre e madre» allo stesso tempo, come racconterà nelle sue memorie. Fino a quel viaggio con Altiero nel giugno 1967, di cui ci restano struggenti memorie. Berlin, Berlin, Berlin, l'amata città. Il tentativo di attraversare il Checkpoint Charlie e di inoltrarsi nella Berlino est. La ricerca dei luoghi della sua gioventù. Una città che non c'è più, che più non trova:

> Berlino non è più Berlino, ed anche io non sono più la stessa. Berlino è vento e sabbia e stanchezza; il mio ritmo è diventato più lento; questo

> è il diventar vecchia. Prima camminavo lenta e Berlino era tutta intorno a me; ora corro e Berlino mi sfugge sempre più; non la trovo più, mai più; il mondo ha un ritmo più rapido del mio. Io non ho più patria.

Una patria che le è stata sottratta quando ancora era sua, una patria che forse non sapeva nemmeno di amare. Come se un incendio avesse distrutto tutto. E lei vuole essere libera. «Ma nell'armadio ho, ben conservati, i piatti dei nonni, bianchi con i tralci blu e i disegni di cipolle, e qui a Berlino mi perdo nell'avida e ansiosa ricerca di quel che non si può più ritrovare». Una foto li ritrae entrambi a guardarsi negli occhi, durante uno di quei viaggi a Berlino. Il vento le scompiglia i capelli. Un sorriso tenue e un po' velato di tristezza l'accompagna.

E allora ritorna a Roma, la sua città d'adozione, quella città «dalla pigra bellezza meridiana che spazza via Berlino dal mio cuore».

Tre anni dopo un altro viaggio, un altro attraversamento di confine, forse il più faticoso, il trasferimento a Bruxelles, per il nuovo incarico di Altiero, nominato commissario delle Comunità europee. Ursula sembra incarnare fino in fondo l'immagine che María Zambrano ci offre della vita e del suo senso. Entrambe esiliate, entrambe in erramento esistenziale e reale.

> Vivere è errare, andare alla deriva a quell'"unico" che ci perseguita senza posa, nel seno infinito di una realtà che non ci abbandona, ma che neppure ci lascia sprofondare in essa, resistenza ultima che ci obbliga a uscir fuori, a sorreggerci.

Quel passaggio segna un momento particolarmente difficile per Ursula, che cade in una profonda depressione e in uno stato di salute fisica precario e faticoso – il corpo è provato –, come scriverà a una sua amica, ribadendo la solitudine in cui si trova, in una ricerca accidentata di ricostruirsi e rinascere un'altra volta, di reinventare la sua vita, forse ora al di fuori della presenza del marito, tentando di uscire dall'ombra, da quella eterna dimensione di consigliera e collaboratrice. Inquieta e provata dall'impossibilità di condividere l'incarico prestigioso di Spinelli che la lascia sola. Quella impossibilità forse diventa una risorsa per lei, un bisogno di realizzare un progetto tutto suo, per la prima volta davvero suo. E di emanciparsi dalla figura maschile, sia essa Colorni o Spinelli. Ãgnes Heller a proposito dell'emancipazione femminile scrive:

> Il cammino verso l'emancipazione e la partecipazione è il lungo cammino della liberazione. Per adoperare una metafora, questo cammino è frutto dell'incrocio di molti altri cammini. [...] Si parla del cammino delle donne come di un fenomeno sociale, di una lunga rivoluzione, si possono solo porre sotto la lente d'ingrandimento le condizioni della libertà. Se una persona che si è liberata è davvero divenuta libera dipende da lei stessa, è il risultato dello sforzo individuale, della scelta esistenziale individuale.

Dopo aver superato i problemi di salute, che l'hanno lasciata fortemente indebolita, e la depressione, legge, si informa, si pone domande sul movimento femminista, dal quale è attratta, in un'ottica che incanala la sua forza e la sua energia, come afferma Silvana Boccanfuso, nel progetto federalista. Ma è nell'analizzare il suo percorso di vita che quelle letture le saranno illuminanti, e porteranno a una sorta di revisione e di bilancio critico che non presenta sconti. In una intensa lettera all'amica Natalia Ginzburg, afferma che ciò che aveva ritenuto con «irritazione, talvolta con rassegnazione» un limite personale o un difetto, era invece frutto di una «errata educazione», che lasciava «al cliché della femminilità tutto il suo significato stanco tradizionale». Qualche tempo dopo Spinelli annota sul suo *Diario europeo* il giovedì sera del 17 aprile 1975:

> Ursula, meditando sulle scoperte che sta facendo grazie al crescente impegno femminista, mi ha detto che effettivamente si è accorta che tutta la sua vita è stata sbagliata; che ha dato troppo posto e un posto centrale all'amore, che se dovesse ricominciare vorrebbe vivere diversamente.

Un tempo di revisione, conflitto, consapevolezza, conoscenza di sé con un approccio impietoso. Ora lavora a un appello alle donne europee perché si facciano portatrici di un'Europa che tuteli, riconosca, valorizzi le donne. Un progetto federalista coniugato al femminile, un tentativo di incanalare le energie femministe e il loro dinamismo verso il progetto di tutta la vita, che resta un saldo pilastro e un modello a cui tendere. Il progetto si chiamerà "Femmes pour l'Europe". C'è bisogno, riflette, della forza e del coraggio delle donne di ogni generazione, anche e soprattutto di quelle più giovani «*car elles ne sont pas marquées par les compromises et les défaites du passée*». E se non partecipano agli organismi, alle attività delle organizzazioni, associazioni e dei partiti, essi rimangono saldamente nelle mani degli uomini, e il loro peso politico è insignificante. Le donne sono spesso, riflette con desolazione, solamente «*éléments décoratifs*». Un cammino lungo e difficile quello delle donne per la loro emancipazione, perché abbiano peso e riconoscibilità nell'universo politico e sociale, e affinché venga loro riconosciuta una reale partecipazione ai processi decisionali. Troppo spesso siamo escluse e accettiamo di essere escluse, scrive ancora Ursula, come se gli argomenti che vengono trattati non ci riguardassero, riguardassero altri e non noi.

Il 24 aprile 1975 a Bruxelles si costituisce formalmente il gruppo d'iniziativa "Femmes d'Europe". Nel giugno scrive su «Effe rivista femminista» un lucido articolo, *L'Europa può cambiare?*, nel quale afferma la necessità di influenzare, trasformare la società e l'Europa, apportando «una dimensione umana secondo il nostro modo di pensare», capace di superare la stanchezza e il grigiore della politica europea dove ovviamente le donne sono assenti. È consapevole che si incontreranno tanti ostacoli sul cammino della costruzione di una nuova coscienza politica, che attraverso l'agire delle donne come soggetto attivo e creativo, apporterà diritti a tutti e non solo a esse, come invece avevano fatto le battaglie di liberazione della classe operaia e dei neri.

> I primi gruppi di operai organizzati hanno pensato di lottare solo per il miglioramento delle loro condizioni di vita e i negri, all'inizio della loro presa di coscienza hanno pensato soltanto ai loro diritti. Incita le donne a procedere spedite, raggiungendo una maggiore maturità, riconoscendo il bisogno di avere più tempo per sé per poter accumulare nuove conoscenze [...]. [il tempo passa *Nda*] e nel frattempo diventiamo madri e nonne.

Infaticabile Ursula. Un lavoro assiduo costatole oltre un anno di attività entusiasta e frenetica, che prosegue intenso nei mesi successivi. La fatica di quell'impegno, la fatica di tutta una vita, densa di erramento, sfide, dolori, solitudini, si fa sentire. L'esile corpo cede. Il primo dicembre dello stesso anno è colpita da un aneurisma cerebrale. Sottoposta a un intervento d'urgenza per arrestare l'emorragia, le viene asportata parte della calotta cranica. Altiero non c'è: lei a Roma, lui a Bruxelles. Resterà invalida per lungo tempo, nulla sarà più come prima, e per l'afasia perderà l'uso della parola. Il suo corpo si fa silente. La parte sinistra è paralizzata. Tace la voce. Nel suo diario Altiero annota:

> La mia sposa, così viva, così intelligente, così indipendente, obbligata a riapprendere come un'idiota, e forse non riuscirci. Se non si rimette in piedi spiritualmente, nemmeno io sopravvivrò, perché non ne avrò più nessun desiderio.

Altiero si sente dolorosamente solo e perduto senza di lei. Pensa di farla finita.

Ursula entra nel lato notturno della vita, come scrive Susan Sontag a proposito della malattia, nell'incipit di *Malattia come metafora*.

> La malattia è il lato notturno della vita, una cittadinanza più gravosa. Ogni nuovo nato detiene una duplice cittadinanza, nel regno dei sani e nel regno degli infermi. E per quanto preferiremmo tutti servirci soltanto del passaporto migliore, prima o poi ciascuno di noi è costretto, almeno per un certo tempo, a riconoscersi cittadino di quell'altro luogo.

Almeno per un po' di tempo. Prima o poi tutti, ognuno di noi. A Ursula ora tocca attraversare la lunga notte della malattia.

La figlia Renata, con un po' di esitazione e una voce emozionata, mi racconta per telefono che nel tempo della malattia si era prodigata e presa cura di lei – diventando un po' madre della propria madre –, insegnandole di nuovo a parlare, dai primi balbettii e vocalità sconnesse, al tentativo faticosamente praticato di ritornare a comunicare col mondo. Una sorta di sistema di rieducazione della parola che aveva inventato per Ursula, proprio quando la medicina si era espressa sull'impossibilità di ripresa della parola. Prendersi cura, curare. La parola cura ci accompagna in questi tempi di pandemia. La cura dell'altro, la cura di sé, il prendersi cura, che è una disposizione praticata e appartenuta da sempre alle donne. Nel suo ultimo libro di aforismi e poesie Franco Arminio scrive:

> Curare un essere umano significa curare una persona immersa nel mondo e il mondo che è immerso in lui. Curare un uomo significa prendersi cura del tutto che è in tutti. [...] La sua malattia è la malattia dell'aria, è un piccolo guasto nel moto degli astri.

Ognuno di noi, aggiunge, è ferita e guaritore. Noi siamo i guaritori di noi stessi, ma – aggiungo – noi abbiamo bisogno della cura degli altri, non ne possiamo fare a meno, ci è indispensabile come l'aria che respiriamo. Così è stato per Ursula. Così sarà per questo nostro tempo.

Gabriella Caramore ci offre nel suo libro, *Pazienza*, spunti delicati e suggestivi. Scritto qualche anno fa, pareva che il tempo vissuto fosse inospitale per la pratica della pazienza, una pratica che ora, invece, ci ha drammaticamente riproposto la sua necessità. La pazienza dell'uomo e della donna per costruire, del bambino per crescere, degli amanti per incontrarsi, dei vecchi per morire, della natura per dare i suoi frutti, della parola per prendere forma, secondo l'autrice può diventare una qualità morale, alla quale si può dare il nome di "cura" verso l'altro, verso il creato, verso noi stessi. Quella pazienza che deve aver caratterizzato, pur con alti e bassi, gli anni della malattia di Ursula, il lento riprendere in mano la propria vita, il ritornare a essere artefice della propria esistenza. La pazienza si intreccia costantemente con l'impazienza, le nostre impazienze, le sue nella malattia dolorosa.

> L'esperienza umana del tempo non si sviluppa su una misura lineare, e neppure univoca. Per fronteggiare le sue sequenze sregolate, i suoi alti e i suoi bassi, la variegata gamma di situazioni che il tempo apre occorrerebbe, credo una virtù singolare, quanto probabilmente impossibile da definire, una sorta di "pazienza impaziente" o di "pazienza impazienza".

E ancora scrive Caramore:

> Una piccola morte ciascuno di noi la sperimenta nella malattia. Anche, e soprattutto, nelle malattie – che sono la maggior parte, per fortuna – da cui

> si guarisce. Un'interruzione del tempo, una sospensione dello scorrere quotidiano delle cose, un'alterazione del ritmo consueto: questo accade quando si è malati.

Altre volte durante la sua esistenza Ursula aveva sperimentato la fragilità del corpo, l'essere corpo nei momenti in cui esso si lasciava sopraffare dalla malattia, dall'impossibilità di resistere agli urti provocati dalle difficoltà e dalla vita errante. La conosceva quando arrivava, quando non andava via, quando spezzava il suo corpo esile. Ma ora il colpo è davvero potente, doloroso e sembra non dare segni di rinascita. Nulla sembra possa essere riparato.

Ma poi fa capolino la sorpresa del lento recupero, lo stupore inaspettato di rinascere attraverso la lingua materna, il tedesco, quella lingua, prezioso giacimento, che non aveva mai abbandonato, come invece avevano fatto taluni esuli e rifugiati. La lingua che aveva insegnato alle figlie sin da piccole. La lingua materna che cura, attingendo alle radici della vita infantile.

A esordio di *Noi senza patria* Ursula scriveva con lucidità nel 1950:

> L'unica mia forza elementare, che però diventa a poco a poco più debole, è la mia capacità di dire nella mia lingua materna tedesca quel che vedo e sento. Prima che essa sia completamente inaridita, voglio fissare le immagini. Perché? Per chi? Io stessa non lo so. Forse sarà più chiaro alla fine.

Renata mi fa dono del suo ultimo libro, elegante, una piccola raffinata opera d'arte, un tributo alla sua vita di traduttrice, ovviamente dal tedesco. *Il mestiere dell'ombra*, così definisce il lavoro del traduttore. Nelle parole alternate a riproduzioni delle copertine di alcuni dei testi più importanti che ha tradotto, sceglie di esordire con un tributo alla madre:

> Conosco il tedesco fin da bambina, perché mia madre, Ursula Hirschmann, ebrea e socialista berlinese fuggita nel 1933 dalla Germania, donna di luminosa intelligenza e forte volontà, non ha mai voluto separarsi del tutto dalla propria lingua, né permettere che in famiglia andasse perduta. Quindi le prime figlie l'hanno imparata da lei, mentre quelle nate quando la mamma parlava ormai abitualmente l'italiano hanno fre-

> quentato, a Roma, la scuola tedesca. Insomma in casa il tedesco era sempre presente, familiare, e questo ha ovviamente orientato e agevolato i miei studi, i gusti, la vita.

In quel lento percorso di guarigione la musica, quella classica in particolare, accompagna Ursula passo dopo passo – non l'aveva in realtà mai lasciata – diventa balsamo fondamentale nel percorso rieducativo. Mozart le dà la forza di rinascere e di disnascere, per ritornare alle suggestioni di María Zambrano.

In un'intervista che Renata rilascia il 15 giugno 2013 ad Antonio Gnoli de «la Repubblica», ricorda la madre in alcuni passaggi struggenti:

> Pochi giorni prima che morisse, nel 1991, la misi a letto, come facevo tutte le sere. Avevamo ascoltato musica tutto il giorno: Händel e Bach. E lei, prima che spegnessi la luce, mi prese la mano e disse: nichts sagen, non dirlo a nessuno, Wagner, wunderbar, meraviglioso. Mi torna in mente perché in casa Wagner era tabù e io fin da ragazzina non lo avevo mai ascoltato. [...] Chiesi se lo ascoltava di nascosto.

> Fece cenno di sì con la testa. Il suo Super io ci aveva impedito di avvicinarci a Wagner, ma la sua sensibilità, il suo gusto, la sua cultura le facevano pensare l'opposto. E poiché era alla fine poteva dire come stavano davvero le cose. [...] L'aspetto più bello che conservo nella memoria di quegli anni è che lei non ha vissuto la dedizione come qualcosa che le era dovuto, bensì come un gesto disinteressato, libero dalla vischiosità di certi atteggiamenti che in molte famiglie diventano delle forme di ricatto.

Ed ecco che avviene una sorta di miracolo. Il sopraggiungere dell'inatteso. La meraviglia della vita che supera il dolore e cura le malattie. In una delle prime lettere ad Altiero, in quella che viene definita «la corrispondenza segreta», che riprendo una volta ancora, Ursula scrive:

> Soffro o sono felice secondo le costellazioni e ai colpi della vita non rispondo con uno sviluppo nuovo, ma cerco di ovattarli per sentire meno il male [...] Sono così.

Forse è un'attitudine che lei ha mantenuto nel tempo, un modo per accusare meno potentemente i colpi che la vita infligge, per esistere, per poter sopportare il dolore, per convivere con esso meno drammaticamente. E per poter guarire almeno un po'. Per resistere agli urti della storia. Ognuno con le proprie modalità, ognuno con il proprio essere.

Leggo con attenzione e attesa la rubrica di Nunzio Galantino, "Abitare le parole", sul domenicale de «Il Sole 24 ore». Il 17 gennaio scrive della forza e della potenza del miracolo.

> Ammettere la possibilità del miracolo vuol dire oggi riconoscere che ciò che conosciamo, sappiamo e sperimentiamo non è il tutto; che abbiamo il diritto di aspettarci e il dovere di fare il possibile perché avvenga. Accogliere la possibilità del miracolo è, insomma, prendere le distanze da ogni forma di determinismo e di fatalismo paralizzanti. Perché tutto ciò che eccede l'umana comprensione è segno di una p/Presenza che chiama alla responsabilità.

Ursula è una madre che ha insegnato incessantemente alle figlie la libertà e il coraggio di essere libere, che non ha mai praticato il ricatto affettivo, e con formidabile intelligenza, come ribadisce Renata, le ha accompagnate anche in periodi difficili della loro esistenza, con la presenza, l'esserci, più che con parole confortanti. Anche con severità, imperio e scontrosità. Negli ultimi mesi della sua esistenza, forse sentendosi al termine del viaggio, riaffiorano i ricordi della sua vita, e dopo tanto silenzio, parla alla figlia del padre. Torna con interesse e desiderio a parlare di Eugenio e del tempo trascorso con lui, dei sentimenti che provava per Colorni, come lo chiamava affettuosamente. Lei che non aveva in casa nemmeno una sua foto. Sepolto e tenuto in un angolo del cuore, conservato gelosamente anche agli occhi delle figlie. Mi sovviene un romanzo di Franz Werfel, *Una scrittura femminile azzurro pallido*, un vero gioiello, che Renata traduce con maestria alla metà degli anni Novanta. La storia, pubblicata da Werfel in esilio a Buenos Aires nel 1941, racconta di una lettera, dalla busta vergata da una scrittura femminile con un inchiostro azzurro pallido, che fa riaffiorare potentemente il ricordo di un amore, il grande amore di molti anni prima, conservato in fondo al cuore. Un amore che riappare dopo tanto tempo, quando gli urti della storia si fanno sentire, per la protagonista, ebrea tedesca. Lo stesso sentimento Ursula solo ora lo può forse nominare a una donna adulta, sua figlia, e trovare con delicatezza le parole, forse prima di tutto a se stessa. Senza pudore e senza timore di essere incompresa.

Penso alle ultime pagine di *Noi senza patria*, interrotte bruscamente per la malattia, lasciate in quell'ordine sparso e apparentemente disordinato di allora. Pagine che ritornano alle figlie in tenera età, ai sensi di colpa che la attanagliano nei primi mesi di vita delle piccole, superati con l'esperienza «entusiasmante della loro rapida crescita». Il senso di colpa per la nascita prematura di Renata, che lei per tempo aveva erroneamente attribuito alla fatica per un baule disfatto poco prima delle doglie. I suoi primi giorni di vita «furono un vero supplizio». Problemi di respirazione, il faccino coperto da una piccola maschera di ossigeno. «Ero sempre in un bagno di sudore per la debolezza e l'angoscia che morisse da un momento all'altro». Dopo una decina di giorni sarà fuori pericolo. La paura è finita. Resterà il terribile ricordo.

Sono giorni d'inverno, quelli che segnano le mie giornate di scrittura in solitudine e silenzio, resi ancor più freddi dalla pandemia che ci lascia soli, fragili, vulnerabili, bisognosi della cura dello sguardo e dell'incontro. In questi giorni, e precisamente l'8 gennaio di trenta anni fa, moriva Ursula, una donna che si è presa cura per tutta la sua esistenza con amore degli uomini che ha amato, delle figlie che ha generato, dei tanti luoghi che ha abitato, in un cammino incessante di una viandante senza patria.

Penso all'ultimo intervento pubblico di Liliana Segre che anche ad Auschwitz ha sognato, bambina, la vita: «Sono stata anche io clandestina. Sono stata anche io richiedente asilo. So cosa vuol dire essere arrestati e rispediti indietro nel paese dal quale si deve scappare per non morire, quando si crede di essere arrivati nel paese della libertà. [...] Per scegliere la vita dovevamo diventare delle nomadi vaganti», ricorda ai ragazzi presenti alla Cittadella della Pace a Rondine, lo scorso 9 ottobre, un luogo da lei particolarmente amato, che ha scelto per congedarsi dopo tanti anni di incessante testimonianza. Bella e suggestiva l'immagine di una nomade vagante, vagante proprio come la protagonista di questa storia.

Ursula amava passeggiare, camminare, amava attraversare i parchi. Osservare le piante, il fogliame, l'incedere delle stagioni, con le sue luci e i suoi colori. Circa un anno fa a Villa Pamphili a Roma, nel giardino dei Giusti, che si ispira a quello sulla collina di Gerusalemme nei pressi dello Yad Vashem, è stato piantato un albero in sua memoria. Un giardino e un albero simboli di una linfa che nutre e circola. E dopo il freddo e il pungente inverno, le foglie continueranno a germogliare in primavera. Accanto ai tanti alberi quello in ricordo dell'ebreo Bronislaw Geremek, tra i fondatori di Solidarność e fervente europeista, quello in memoria di Alexander Langer, primo presidente del gruppo verde al Parlamento europeo, quello del giovane speaker radiofonico Antonio Micalizzi, morto in un attentato terroristico a Strasburgo, e della danese Karen Jeppe che difese e salvò tanti armeni perseguitati. L'anno prima un albero veniva piantato per la giovane ebrea olandese Etty Hillesum, morta ad Auschwitz, che ho portato con me in tanti incontri in giro per il mondo. La mia maestra e ispiratrice di vita da molto tempo. Perché chi salva una vita, come recida il *Talmud*, salva il mondo intero. Salvare gli altri per salvare se stessi, anche dall'oblio e dalla dimenticanza.

Mi piace ritornare ora a quell'isola dove forse tutto è partito, dove tutto si è formato. Un'isola dove è passata la storia, e altre storie sono germogliate e andate per il mondo. L'isola che ha curato dalle ferite, che ha saputo dalle sofferenze trarre l'*humus* per una rinascita. Le isole sono nei racconti luoghi fantastici dove il miracolo può accadere. E lì è accaduto. Da quel punto nel mare, abitato dal sole, dal vento sferzante, che spazza via i cattivi pensieri, dalla natura selvatica e incontaminata, uomini e donne sono ripartiti nel mondo. Tornando a viaggiare. Ognuno con la propria storia, la propria eredità, ma anche nella rinascita, come per Ursula e Altiero, in una dimensione di amore potente e indistruttibile. L'amore che salva.

Ursula donna, madre, sorella, moglie, amica, ebrea, senza patria, poliglotta, europeista, minuta ma forte, amante della musica, in viaggio sempre, intelligente, colta, autonoma, fiera, tenace animatrice, musa ispiratrice, un po' brusca a volte, spregiudicata, coraggiosa, berlinese di nascita ma cittadina del mondo, dall'apparente timidezza e incertezza, dalla eccezionale capacità di decisione, dai capelli castani mossi dal vento dell'isola, sfidante, autentica, fragile, dalla pelle diafana, malata fino a perdere la parola, capace di rinascere tante volte, tessitrice instancabile, dimenticata per troppo tempo, vissuta in instabili equilibri, tante volte affaticata e stanca, sognatrice. L'Europa la sua casa.

Come in una giostra la sua vita. Berlino, Parigi, Trieste, Ventotene, Melfi, Milano, Bellinzona, Roma, Sabaudia, Bruxelles e tanti altri luoghi ancora, visitati, vissuti, abitati.

> Non sono italiana, benché abbia figli italiani, non sono tedesca, benché la Germania una volta fosse la mia patria. E non sono nemmeno ebrea, benché sia per puro caso se non sono stata arrestata e poi bruciata in uno di quei forni di qualche campo di sterminio. [...] Noi *déracinés* dell'Europa che abbiamo 'cambiato più volte di frontiera che di scarpe' – come dice Brecht, questo re dei *déracinés* – anche noi non abbiamo altro da perdere che le nostre catene.

Ritengo che il valore del caso nella vita abbia un ruolo importante, come suggerisce Āgnes Heller, nelle sue riflessioni alla fine della lunga e travagliata esistenza, esplicitando il dubbio:

> Tutto inizia per caso? Tutte le coincidenze, anche quelle infelici, possono in un modo o nell'altro diventare felici? Una coincidenza è anche una svolta del destino? E una svolta del destino è sempre casuale? Da quando avevo dieci anni non ho trovato una risposta univoca a queste domande. [...] A volte la coincidenza in sé non ha portato a niente, altre volte si è rivelata una benedizione, altre ancora l'inferno stesso. Il caso però, che sia una benedizione o l'inferno, è sempre un valore, un'opportunità, la possibilità di conoscere meglio il nostro carattere e di cambiare le nostre vite.

Riflessioni, suggestioni che condivido con una consapevolezza mai avuta prima. Il valore del caso nella vita.

Avvicinandomi al commiato, come in una sequenza di un film, immagino e vedo scorrere nitidamente immagini di Ursula nelle prime ore del giorno, dai capelli castani raccolti in uno chignon, con un vestito leggero come quelli che indossava a Ventotene, stretto in vita, con le maniche corte, leggermente ondulato e ampio in fondo, coi sandali chiari di stoffa con la suola a zeppa, come usava negli anni Quaranta, che incede sola e cammina cammina cammina senza fermarsi tra la gente oggi, in qualche strada di qualche città europea, non importa quale. Un'immagine in bianco e nero la sua tra le altre a colori, che continua a camminare senza fermarsi, come allora, come tutti gli anni che le sono stati dati da vivere. Un cammino al quale non ha mai rinunciato.

Sulla sua perenne condizione di esiliata, esilio che amava, María Zambrano, scrive:

> Usciamo dal presente per piombare in un futuro sconosciuto, senza mai dimenticare il passato, la nostra anima è incrostata a sedimenti secolari e le radici sono più estese dei rami che vedono la luce. È al far del giorno, ora tragico e aurorale, che le ombre della notte cominciano a mostrare il loro senso e le figure incerte cominciano a rivelarsi al cospetto della luce, l'ora della luce in cui si danno convegno passato e avvenire.

La rivelazione. L'incontro. Come quello con Ursula. Inaspettato per me, anche frutto del caso, di fortuite coincidenze e incontri imprevisti, o forse solamente riconosciuto come necessità e bisogno in questo tempo. Una grande ricchezza. Mi auguro che lo sia anche per chi vorrà leggere la sua storia, o meglio quella che ho saputo raccontare di lei, una donna in erramento, vagante e amante della vita. Sempre. Fino alla fine.

BIBLIOGRAFIA

Per un criterio narrativo – anche se rigorosamente ispirato alle fonti e ai testi consultati – non sono state indicate in nota i contributi e le pagine, ma vengono segnalati ora come riferimento indispensabile e ispiratore nella stesura della monografia.

Aniello V., *Donne invisibili e pratiche possibiliste*, in Meldolesi L. (a cura di), *Taccuino italiano n. 1*, E. Colorni, A. Hirschman International Institute.

Arminio F., *La cura dello sguardo. Nuova farmacia poetica*, Bompiani, Milano, 2020.

Arendt H., *Rahel Varnhagen. Storia di una ebrea*, il Saggiatore, Milano, 1988.

Barilli C., *Un uomo e una donna. Vita di Ernesto e Ada Rossi*, Piero Lacaita Editore, Manduria, 1991.

Braga A., *Luisa Villani Usellini*, voce in *Enciclopedia delle donne*, in <http://www.enciclopediadelledonne.it/biografie/luisa-villani-usellini/>.

Boccanfuso S., *Ursula Hirschmann. Una donna per l'Europa*, Ultima Spiaggia, Genova-Ventotene, 2019.

Braccialarghe G., *Nelle spire di Urlavento. Il confino di Ventotene negli anni dell'agonia del fascismo*, L'autore libri, Bologna, 1970.

Braidotti R., *Gender, Identity and Multiculturalism in Europe*, in Passerini L. (a cura di), *Donne per l'Europa 2*, Cirdse, Torino, 2019.

Buratti A., Fioravanti M. (a cura di), *Costituenti ombra. Altri luoghi e altre figure della cultura politica italiana (1943-48)*, Carocci, Roma, 2010.

Caramore G., *Pazienza*, il Mulino, Bologna, 2014.

Cavallarin M., Mensa M., Mereghetti E., *Le parole di Ventotene*, Ethnos, 52', 2019.

Cerchiai G., Rota G. (a cura di), *Eugenio Colorni e la cultura italiana fra le due guerre*, Piero Lacaita editore, Manduria, 2011.

Colorni E., *Microfondamenta. Passi scelti dell'epistolario*, a cura di L. Meldolesi, Rubbettino, Soveria Mannelli, 2016.

Colorni R., *Il mestiere dell'ombra*, Edizioni Henry Beyle, Milano, 2020.

De Luca E., *Alzaia*, Feltrinelli, Milano, 1997.

Filippa M., *Il compimento di una vita*, in M. Golz-Goldlust, *Il Grande Giorno*, Città Aperta Edizioni, Troina, 2003.

Filippa M., *Soccorrere la vita*, in E. Hillesum, *Due lettere da Westerbork*, Castelvecchi editore, Roma, 2014.

Filippa M., *Amor mundi*, in M. Leibovici, *Hannah Arendt*, Città Aperta Edizioni, Troina, 2002.

Filippa M., *Percorsi di donne tra vita e scrittura*, in B. Peyrot (a cura di), *Mediterraneo: un mare di spiritualità. Le donne dicono le fedi*, Claudiana, Torino, 2002.

Filippa M., *Ursula Hirschmann*, voce in *Enciclopedia delle donne*, in <https://www.enciclopediadelle-donne.it/biografie/ursula-hirschmann/>.

Grossman D., *Sparare a una colomba. Saggi e discorsi*, Mondadori, Milano, 2021.

Heller A., *Il valore del caso. La mia vita*, a cura di G. Hauptfeld, Castelvecchi, Roma, 2019.

Heller A. (con F. Comina e G. Losurdo), *Il demone dell'amore*, Il segno dei Gabrielli editori, Verona, 2019.

Heller A., *Il lungo cammino delle donne. Dall'emancipazione alla partecipazione*, Castelvecchi editore, Roma, 2018.

Hirschman A.O., *Passaggi di frontiera. I luoghi e le idee di un percorso di vita*, Donzelli editore, Roma, 1994.

Hirschmann U., *Noi senza patria*, il Mulino, Bologna, 1993.

L'Europa di Altiero Spinelli. Sessant'anni di battaglie politiche: dall'antifascismo all'azione federalista, Catalogo della mostra, il Mulino, Bologna, 1994.

Linkhammer L., *La resistenza giovanile contro il regime nazionalsocialista*, in A. De Bernardi, P. Ferrari (a cura di), *Antifascismo e identità europea*, Carocci, Roma, 2004.

Loewenthal E., *La carezza. Una storia perfetta*, La nave di Teseo, Milano, 2020.

Lo Iacono C., *Noi senza patria: le radici scoperte della nuova cittadinanza*, in L. Passerini (a cura di), *Donne per l'Europa 2*, Cirdse, Torino, 2019.

Lutes J., *Berlin. La città delle pietre*, Coconino Press, Roma, 2019.

Melchionni M.G., *Le donne nella costruzione dell'Europa di domani*, in «Rivista di studi politici internazionali», n. 301, 1, 2009.

de Montherlant H., *Pasifae*, Novecento, Palermo, 1990.

Passerini L., *Il mito d'Europa. Radici antiche per nuovi simboli*, Giunti, Firenze, 2002.

Passerini L., *L'Europa e l'amore. Immaginario e politica fra le due guerre*, il Saggiatore, Milano, 1999.

Passerini L., Turco F. (a cura di), *Donne per l'Europa*, Rosenberg & Sellier, Torino, 2013.

Passerini L. (a cura di), *Donne per l'Europa 2*, Cirdse, Torino, 2019.

Rossanda R., *La ragazza del secolo scorso*, Einaudi, Torino, 2005.

Scholl H., Scholl S., *Lettere e diari*, Itaca, Perugia, 2006.

Sereni C., *Il gioco dei regni*, Giunti, Firenze, 1993.

Soave S., *Senza tradirsi senza tradire. Silone e Tascu dal comunismo al socialismo cattolico (1900-1940)*, Nino Aragno editore, Torino, 2005.

Spinelli A., *Come ho tentato di diventare saggio*, il Mulino, Bologna, 1984.

Spinelli A., Rossi E., *Il manifesto di Ventotene*, Celid, Torino, 2001.

Spinelli A., Rossi E., *Il Manifesto di Ventotene*, con un saggio di L. Levi, Mondadori, Milano, 2006.

Spinelli A., *Diario europeo. 1970-76*, a cura di E. Paolini, Il Mulino, Bologna, 1991.

Tedesco A., *Il partigiano Colorni e il grande sogno europeo*, Editori Riuniti, Roma, 2014.

ZAMBRANO M., *L'agonia dell'Europa*, Marsilio, Venezia, 1999.

ZAMBRANO M., *Delirio e destino*, Raffaello Cortina Editore, Milano, 2000.

ZAMBRANO M., *Le parole del ritorno*, Città Aperta Edizioni, Troina, 2003.

INDICE

Collana Le crinoline
Collana diretta da Giulia Ciarapica

1. Angela Frattolillo, *Margherita Grassini Sarfatti. Protagonista culturale del primo Novecento.*
2. Maddalena Celano, *Manuela Sáenz Aizpuru. Il femminismo rivoluzionario oltre Simón Bolívar.*
3. Marcella Filippa, *Ursula Hirschmann. Come in una giostra.*

Finito di stampare nel mese di aprile 2021
da Digital Team (Fano - PU)
per conto di Aras Edizioni srl
su carta Bioprima book 85 gr/mq.